しっかりわかる介護保険の基本としくみ

晶文社

はじめに

　2000年4月に創設された介護保険制度は、本書発行の時点で18年目を迎えています。その間、さまざまな改正が加えられ、なかなか理解が難しい複雑なしくみになっています。

　介護サービスの現場では、介護サービス・医療サービス・福祉サービスの連携が求められることが多く、介護保険制度のしくみの基本的な理解とともに、それ以外の分野の幅広い知識も必要とされてきます。まずは「介護保険の基本としくみ」の理解に取り組んでみてはいかがでしょうか。

　本書は、次のような読者を対象に想定してつくられています。
- 介護サービス事業所・施設で働きながら、介護保険制度についての知識を深めたい方
- 介護支援専門員の資格取得をめざして、基礎的な知識を固めたい方
- 介護サービスの利用者やその家族などで、介護保険のしくみを知りたい方
- 介護サービス事業の経営者や管理的立場にあって、制度全般の知識を深めたい方

　それぞれの立場によって得たい知識の内容や深さはさまざまでしょうが、介護保険制度全般にわたって最小限の知識を得てもらえるように配慮して編集しました。

　介護保険サービスは、すべて法令に基づいて行うこととされ、利用料（介護報酬）も基準に定められた範囲で算定されるものです。法令文を読み慣れない人には、この小冊子の文章であっても難しく感じられるかもしれません。しかし、責任ある立場に立つためには、法令や役所からの通知を正確に読みこなし、法令順守を正しく実施することが求められます。読みこなすための努力を惜しまなければ、後々きっと役に立つ能力を得られるものと確信して、本書のご利用をお勧めします。

目　次

第1章　介護保険制度のめざすもの

- 介護保険制度は、どのような背景のもとに生まれたのか —————— 8
- 高齢化の進展と人口構造の変化 ————————————————— 9
- 認知症高齢者の増加と要介護者の増加 —————————————— 10
- 2025年問題・2035年問題と制度の持続性の維持 ———————— 11
- 地域包括ケアシステムの構築 —————————————————— 14
- 介護サービスを支える人材の不足をどう解消するか —————— 16

第2章　介護保険制度の基本的なしくみ

- 保険者 ————————————————————————————— 18
- 保険者を支える行政のしくみ —————————————————— 20
- 被保険者 ——————————————————————————————— 24
- 第1号被保険者の保険料負担 —————————————————— 28
- 第1号保険料の賦課と徴収 ——————————————————— 30
- 第2号保険料の賦課と徴収 ——————————————————— 32
- 介護保険制度の財源構成 ———————————————————— 34
- 要介護認定・要支援認定 ———————————————————— 38
- 一次判定 ——————————————————————————————— 42
- 介護認定審査会で行う二次判定 ————————————————— 44
- 認定の決定と通知、有効期間、更新認定等 ————————————— 46
- 介護認定審査会 ———————————————————————— 48
- 審査請求と介護保険審査会 ——————————————————— 50
- 保険給付 ——————————————————————————————— 52
- 介護報酬 ——————————————————————————————— 56
- 支給限度基準額 ———————————————————————— 58
- 保険給付の審査・支払いと国保連 ———————————————— 60
- 利用者負担 ————————————————————————————— 62
- 利用者負担の軽減と補足給付 —————————————————— 64

4

- ■ その他の利用者負担軽減制度 —————————— 68
- ■ サービス事業者・介護保険施設 —————————— 70
- ■ 地域支援事業 ————————————————— 74
- ■ 地域包括支援センター ———————————— 80
- ◆ 何事も法令に立ち戻って理解することが大切 ————— 82

第3章 ケアマネジメントと居宅介護支援事業者・介護予防支援事業者

- ■ ケアマネジメントの位置づけと介護支援専門員 ———— 84
- ■ 居宅介護支援事業者 ————————————— 86
- ■ 介護予防支援事業者 ————————————— 95

第4章 高齢者介護に関係の深い諸制度

- ■ 障害者福祉制度 ——————————————— 98
- ■ 生活保護制度 ————————————————— 100
- ■ 後期高齢者医療制度 ————————————— 103
- ■ 高齢者虐待の防止 —————————————— 105
- ■ 成年後見制度 ————————————————— 107
- ■ 日常生活自立支援事業 ———————————— 109

第5章 居宅サービス・地域密着型サービスの種類とその内容

- ■ 訪問介護 ——————————————————— 112
- ■ 訪問入浴介護 ————————————————— 116
- ■ 訪問看護 ——————————————————— 118
- ■ 訪問リハビリテーション ———————————— 122
- ■ 居宅療養管理指導 —————————————— 124
- ■ 通所介護 ——————————————————— 126
- ■ 通所リハビリテーション ———————————— 130

- ■短期入所生活介護 —————————————————— 132
- ■短期入所療養介護 —————————————————— 134
- ■特定施設入居者生活介護 ———————————————— 136
- ■福祉用具 ————————————————————— 138
- ■住宅改修 ————————————————————— 142
- ■定期巡回・随時対応型訪問介護看護 —————————— 144
- ■夜間対応型訪問介護 ——————————————————— 146
- ■地域密着型通所介護・療養通所介護 —————————— 148
- ■認知症対応型通所介護 —————————————————— 150
- ■小規模多機能型居宅介護 ———————————————— 152
- ■看護小規模多機能型居宅介護 —————————————— 154
- ■認知症対応型共同生活介護 ——————————————— 156
- ■地域密着型特定施設入居者生活介護 —————————— 158
- ■地域密着型介護老人福祉施設入所者生活介護 —————— 160

第6章 | 施設サービスの種類とその内容

- ■介護老人福祉施設 ——————————————————— 164
- ■介護老人保健施設 ——————————————————— 168
- ■介護療養型医療施設 ——————————————————— 172
- ■介護医療院 ————————————————————— 174

資料編 |

- ■被保険者証 ————————————————————— 178
- ■認定調査票（概況調査・基本調査・特記事項）————— 180
- ■主治医意見書 ————————————————————— 186
- ■介護保険負担割合証 ——————————————————— 188
- ■介護保険負担限度額認定証 ——————————————— 189
- ■課題分析標準項目 ——————————————————— 190

第1章
介護保険制度のめざすもの

2000年4月に発足した介護保険制度は、

どのような背景のもとに創設されたのか。

制度の歩んできた足跡をたどると見えてくるものは何か。

わが国の高齢化の先行きをふまえて、いま何が求められているのか。

介護保険制度の理解に欠かせない基本的な問題点を押さえておこう。

■介護保険制度は、どのような背景のもとに生まれたのか

◆制度創設以前の高齢者介護

　介護保険制度が発足する以前の高齢者介護は、老人福祉法のもとで、**市町村の措置制度**として実施されていました。市町村が必要性を判断して行う措置として、老人福祉施設（特別養護老人ホーム・養護老人ホーム・軽費老人ホームなど）への入所、在宅福祉（ホームヘルプ・デイサービス・ショートステイ・グループホームなど）が行われていました。これらの利用は、公費と利用者・扶養義務者の負担能力に応じた負担により行われていましたが、市町村がサービスの種類や提供する機関を決定していたので、利用者によるサービスの自由な選択はできず、サービス内容も均一で必要最小限のものでしかありませんでした。市町村の限られた予算のなかで措置が行われるため、利用はそれほど進まず、介護の多くを家族が担うという状況にありました。

◆介護の「社会化」の必要性

　介護の役割を主に担う家族の状況にも変化が生じていました。核家族化の進行、高齢者とその子の同居率の低下、高齢者のみの世帯や単独世帯の増加により、家族の介護力は大幅に低下していました。高齢者が高齢者を介護する「老々介護」の問題や中高年の女性に重い負担がかかっている問題、介護離職の問題などが深刻になっていました。

　そこで、高齢者介護を家族の負担のみに委ねるのではなく、社会全体で支えるしくみを構築する必要性が生まれてきたのです。厚生省に置かれた「社会保障制度審議会」において審議が重ねられ、1995（平成7）年に「社会保障制度の再構築」に関する勧告が行われ、5年の準備期間を経て、介護保険制度が誕生しました。

◆社会保険方式の選択

　高齢者介護の充実を図るために、社会保険方式の運営をすることが選択され、介護保険制度が創設されることになりました。創設にあたって制度の柱として強調されたのは、次の点です。
- 費用は、公費で50％を賄い、残りを被保険者の負担する保険料で賄う。
- 保険給付の利用者は、受益に見合った定率の利用者負担を行う。
- 利用者自らがサービス選択を行う。
- 利用者自身によるサービス選択を助けるため、ケアマネジメントを導入する。

■高齢化の進展と人口構造の変化

　介護保険制度が創設された背景には、高齢化の急激な進展による高齢者介護の問題の深刻化があります。高齢化は、平均寿命の延びと出生率の低下による総人口の減少によってもたらされたものです。総人口に占める65歳以上の高齢者の割合（**高齢化率**）は、2016（平成28）年10月現在（総務省の「人口推計」による）で**27.3％**となっていますが、今後も高齢化率は高まり続けるものと予測されています。

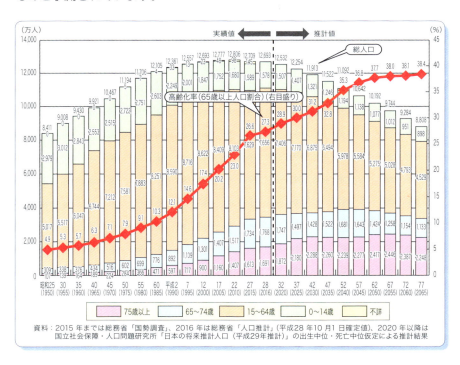

　この将来推計によると、2025年に30.0％に達する高齢化率は、2040年に35.3％、2065年には38.4％になると予測されています。一方、15歳～64歳の生産年齢人口は減り続け、1950年には1人の高齢者を12.1人の現役世代で支えていたのに対して、2012年には高齢者1人に対して現役世代が2.6人となっています。さらに2065年には、1人の高齢者を1.3人の現役世代で支える「肩車型」の社会が到来します。

　このような状況を見据えて発足した介護保険制度ですが、この先、抜本的な対策が必要なことは誰の目にも明らかでしょう。

■認知症高齢者の増加と要介護者の増加

　平成29年版高齢社会白書によると、2012（平成24）年の認知症高齢者数は462万人で、高齢者の7人に1人（有病率15.0％）が認知症という状況でしたが、次のグラフに見るように、認知症の有病率が上昇すると、2025年には約5人に1人（有病率20.0％）になるという推計もあります。

　認知症の有病率は、加齢に伴って急激に上昇し、85～89歳では約40％の人が認知症になるといわれています。

　また、要介護高齢者の発生率も、加齢に伴って急激に上昇します。2015年度の統計によると、要介護認定・要支援認定を受けた65歳以上の高齢者の割合は、前期高齢者（65～74歳）では4.4％に過ぎませんが、後期高齢者（75歳以上）では32.5％となっています。高齢者全体では、約17％の人が認定を受けていることになります。そのうち、要介護3以上の重度の人の割合は34.7％、要支援1～要介護2の軽度の人の割合が65.3％を占めています。

　認定率の高い後期高齢者の数は、2025年以降2060年頃までは高い水準を保つと推計されています。特に認定率が高くなる85歳以上の人の占める割合も上昇しますので、重度要介護者の占める割合も上昇するものと予測されます。

■2025年問題・2035年問題と制度の持続性の維持

　2025年には、戦後のベビーブームで生まれた「団塊の世代」の人たちが75歳に達し、介護や医療のリスクが一気に増大します。また、2035年には「団塊ジュニアの世代」が65歳となり、追撃ちをかけることになります。なんらかの手を打たない限り、このままでは医療・介護・福祉の社会保障体制は破綻に直面することになります。

　この問題は、超・超高齢社会を生んだ日本の人口構造に起因するものですが、現在さかんに口にされる「制度の持続可能性」を維持するために、どのような対策が求められているのでしょうか。

　介護保険制度創設の2000年度に3.6兆円であった給付費（総費用額）は、2017年度には10兆円超であり、2025年度には、およそ20〜21兆円になるものと推計されています。給付費の50％を賄う保険料の平均値は8,000円を超え、個人が負担する金額としては限界値に等しいとみられています。

　給付費の50％を賄う租税についても、全額が社会保障費に充てられることになっていた消費税の増税は先送りされ、使途についても変更が加えられるようです。

　マイナス面ばかりを書き連ねましたが、介護の仕事に携わる人は、このような状況にあることを理解したうえで、どのような解決策が検討されているのか、それによって介護の仕事がどのように変わっていくのかについて、正しい認識をもつことが必要でしょう。

　具体的にみていきましょう。

●介護報酬の動向

　介護報酬の改定率は、2003年度−2.3％、2005年度−1.9％、2006年度−0.5％とマイナス改定が続いていましたが、2009年度＋3.0％、2012年度＋1.2％、2014年度＋0.63％とプラスに転じました。しかし、2015年度には−2.27％とマイナス改定となり、その後も2017年度＋1.14％、2018年度＋0.54％と、現状維持か小幅なプラスの状態が続いています。2014年度のプラス改定は消費税率の引き上げに伴うもの、2017年度・2018年度の引き上げは介護職員処遇改善加算を含んだものであって、実質的なプラス改定とはいえません。サービスごとにみると、基本サービス費を引き下げる一方で、さまざまな加算を新設したり、加算の単位数を引き上げたりしてメリハリをつけ、重点化を行う傾向にあります。

●保険給付の状況と軽度者へのサービス提供の制限

　2015年度の介護保険事業状況報告によると、要介護認定等を受けた人のうち65.3％が要支援１～要介護２の軽度者になっています。そして、居宅サービス・介護予防サービスの受給者数の72.6％を軽度者が占めています。

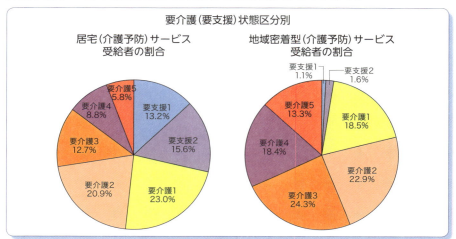

　保険給付費でみると、軽度者への給付費が37.7％を占めています。

保険給付費

(単位：億円)

	要支援1	要支援2	要介護1	要介護2	要介護3	要介護4	要介護5	計
居宅サービス	1,605	3,067	8,975	10,580	9,007	7,557	6,083	46,874
地域密着型サービス	23	73	1,467	2,160	2,633	2,124	1,626	10,105
施設サービス	0	0	1,365	2,915	5,934	9,115	9,155	28,483
合計	1,628	3,140	11,808	15,654	17,574	18,796	16,863	85,462
構成比	1.9%	3.7%	13.8%	18.3%	20.6%	22.0%	19.7%	100.0%

※高額介護サービス費、高額医療合算介護サービス費、特定入所者介護サービス費は含まない。
※合計の値は、四捨五入の関係で表内の数値による計算式で算出される数値とは異なることがある。

　給付費の抑制策として、これまで次のような軽度者へのサービス提供の制限が行われています。

- 要支援者対象の訪問介護・通所介護を予防給付から外して、地域支援事業の枠内で、介護予防・生活支援サービス事業の一環として行う。2014年改正で規定され2017年度からはすべての市町村で実施されている。
- 介護老人福祉施設への新規入所を、要介護３以上に限定する。2015年４月から実施されている。

　今後もさまざまな方面で、軽度者へのサービス提供のあり方が検討されていくものと思われます。

●利用者負担２割・３割の導入

　制度創設以来、利用者負担１割の原則が維持されてきましたが、2014年改正により一定以上の所得のある第１号被保険者に２割負担が導入されました。さらに2017年改正では、現役並み所得のある世帯に属する人は３割の利用者負担をすることになりました。また、2014年改正で、特定入所者介護サービス費等の支給要件として所得以外に預金等の資産も考慮することにしました。

●市町村への権限の移譲と保険者機能の抜本強化

　制度創設から５年目の2005年改正で行われた地域密着型サービス・地域支援事業の創設を始めとして、2017年改正による居宅介護支援事業者の指定・指導監督の権限の移譲など、介護保険運営の軸足は次第に保険者である市町村に移ってきているといえます。市町村の実状に合わせて、市町村独自の工夫により、市町村の努力と責任のもとに適切な運営をすることが求められています。

　国は、この市町村の取組みを支援するため、給付費の抑制につながる自立支援・重度化防止の施策に積極的な市町村を、客観的な指標で評価して交付金を付与する「財政的インセンティブの付与」を行うことになりました。

保険者機能の強化等による自立支援・重度化防止に向けた取組みの推進

～ 保険者機能の抜本強化 ～

- ●高齢化が進展する中で、地域包括ケアシステムを推進するとともに、制度の持続可能性を維持するためには、保険者が地域の課題を分析して、高齢者がその有する能力に応じた自立した生活を送っていただくための取組みを進めることが必要。
- ●全市町村が保険者機能を発揮して、自立支援・重度化防止に取り組むよう、
  ① データに基づく課題分析と対応（取組み内容・目標の介護保険事業（支援）計画への記載）
  ② 適切な指標による実績評価
  ③ インセンティブの付与
  を法律により制度化。

先進的な取組みを行っている和光市、大分県では
- ●認定率の低下
- ●保険料の上昇抑制

要介護認定率の推移

	全国	和光市	大分県
H23年	17.3	9.6	19.6
H27年	18.0	9.3	18.6

データに基づく地域課題の分析	取組み内容・目標の計画への記載	保険者機能の発揮・向上（取組み内容）●リハビリ職等と連携して効果的な介護予防を実施 ●保険者が、多職種が参加する地域ケア会議を活用しケアマネジメントを支援　等	適切な指標による実績評価 ●要介護状態の維持・改善度合い ●地域ケア会議の開催状況　等	インセンティブ ●結果の公表 ●財政的インセンティブ付与
国による分析支援	都道府県が研修等を通じて市町村を支援			

※厚生労働省の資料をもとに作成。

■地域包括ケアシステムの構築

　国は、団塊の世代が75歳以上となる2025年をめどに、地域包括ケアシステムの構築が実現されるように提言し、市町村単位での取組みが始まっています。
　地域包括ケアシステムとは、おおむね30分以内に必要なサービスが提供される日常生活圏（具体的には中学校区）を単位に、住まい・医療サービス・介護サービス・予防サービス・生活支援サービスが一体的に提供される体制のことです。
　都市部と町村部では高齢化の進展状況に大きな地域差があるので、保険者である市町村とそれを支援する都道府県には、地域の特性を把握して、地域の自主性・主体性に基づいて地域包括ケアシステムを作り上げていくことが求められています。

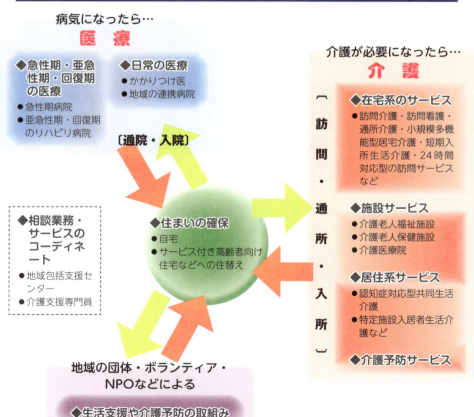

※厚生労働省の資料をもとに作成。

市町村における地域包括ケアシステム構築のプロセス

| 地域の課題の把握と社会資源の発掘 | → | 地域の関係者による対応策の検討 | → | 対応策の決定・実行 |

日常生活圏域ニーズ調査等
介護保険事業計画の策定のため日常生活圏域ニーズ調査を実施し、地域の実態を把握

地域ケア会議の実施
地域包括支援センター等で個別事例の検討を通じ地域のニーズや社会資源を把握
※地域包括支援センターでは総合相談も実施。

医療・介護情報の「見える化」（随時）
他市町村との比較検討

量的・質的分析

課　題
□高齢者のニーズ
□住民・地域の課題
□社会資源の課題
・介護
・医療
・住まい
・予防
・生活支援
□支援者の課題
・専門職の数、資質
・連携、ネットワーク

社会資源
○地域資源の発掘
○地域リーダー発掘
○住民互助の発掘

事業化・施策化協議

介護保険事業計画の策定等
■都道府県との連携
（医療・居住等）
■関連計画との調整
・医療計画
・居住安定確保計画
・市町村の関連計画　　等
■住民参画
・住民会議
・セミナー
・パブリックコメント　　等
■関連施策との調整
・障害、児童、難病施策等の調整

地域ケア会議等
■地域課題の共有
・保健、医療、福祉、地域の関係者等の協働による個別支援の充実
・地域の共通課題や好取組の共有
■年間事業計画への反映

具体策の検討

■介護サービス
・介護ニーズに応じた在宅サービスや施設のバランスのとれた基盤整備
・将来の高齢化や利用者数見通しに基づく必要量

■医療・介護連携
・地域包括支援センターの体制整備（在宅医療・介護の連携）
・医療関係団体等との連携

■住まい
・サービス付き高齢者向け住宅等の整備
・住宅施策と連携した居住確保

■生活支援／介護予防
・自助（民間活力）、互助（ボランティア）等による実施
・社会参加の促進による介護予防
・地域の実情に応じた事業実施

■人材育成［都道府県が主体］
・専門職の資質向上
・介護職の処遇改善

PDCAサイクル

※厚生労働省の資料をもとに作成。

　地域包括ケアシステムを構成するための前提となるのは住み慣れた地域で生活を継続するための「住まいと住まい方」の確保です。その上で、「医療・看護」、「保健・予防」、および「介護・リハビリテーション」という専門職によるサービスが連携をもって提供されることが必要です。また、生活を支えるための公的な福祉サービスや住民の自主的な活動によるインフォーマルな支援も必要とされます。

　これらの要素が包括的に効率よく提供されるシステムを築くことによって、結果として要介護認定等の認定率の低下、入院や施設入所などにかかる高額な費用を抑制して、医療・介護の制度の持続性を維持しようというものです。

介護サービスを支える人材の不足をどう解消するか

　他の産業界でもリスクとなっている人手不足ですが、介護サービスの現場でも深刻な問題になっています。介護福祉士養成校の講座も、定員割れが目立つ状態だったり、講座自体が廃止されたりするケースがあり、先々が心配されます。

　2015（平成27）年に厚生労働省が行った「2025年に向けた介護人材にかかる需給推計」によると、2025年の需要見込み253.0万人に対して、現状推移シナリオによる供給見込みは215.2万人となり、37.7万人の需給ギャップが生じると推計されています。そのため、さまざまな方面からの「総合的な人材確保の方策」による押し上げで、このギャップを埋めようとする取組みが行われています。

◆「介護職員処遇改善加算」による労働環境の整備

　介護職員を雇用する事業所・施設を対象に、介護職員の賃金や待遇の改善に充てることを目的に、従来も行われていたものですが、2017（平成29）年4月からさらに強化した加算が行われました。職位・職責・職務内容に応じた任用の要件、研修・資格取得の援助、昇給のしくみなどについて細かく定めた「キャリアパス要件」と、賃金改善以外の処遇改善についての「職場環境等要件」を満たす事業所・施設は、申請することにより、介護職員1人当たり月額3万7千円相当（加算Ⅰ）、月額2万7千円相当（加算Ⅱ）、月額1万5千円相当（加算Ⅲ）のいずれかの「介護職員処遇改善加算」を算定できます。そして、この給付が介護職員の待遇改善に充てられることになります。また、介護職員の職場定着を促す施策として、勤続10年を迎える介護福祉士について、月額8万円の処遇改善を行うことが2018（平成30）年度の予算に盛り込まれました。

◆介護福祉士・社会福祉士養成施設に対する「修学資金貸付制度」

　介護福祉士や社会福祉士の資格取得を支援する取組みとして、養成施設に通う学生に対して月額5万円の修学資金の貸付け、入学時、卒業時には20万円の貸付けを行います。介護サービス事業所・施設に5年勤務すれば返済不要です。

◆求められる職場定着のための企業努力

　介護サービスの職場には、「人の役に立つ仕事に就きたい」という強い動機をもって入ってくる人が多いといわれますが、法人の経営者や管理者には、働く人が初志を貫いてプライドをもって仕事を続けられる職場環境をつくるための努力が求められています。

第2章

介護保険制度の基本的なしくみ

制度の運営は、すべてが介護保険法のもとで行われる。

基本法である介護保険法と施行令、施行規則などに定められた

ことがらを中心に、制度が運営されるしくみを理解しよう。

保険者

●保険者の役割

「保険者」とは、保険のしくみを運営する責任主体のことです。介護保険制度では、市町村および特別区（東京23区）（以下「市町村」という）を保険者としています。

保険者を市町村としたのは、国民にとって市町村が最も身近であって、従来から老人福祉や老人保健事業に実績を積んできた行政主体であるからです。介護保険制度創設以後も、地方分権の流れに沿って、さまざまな権限が市町村に移譲され、市町村の保険者としての役割は重いものになってきています。

保険者には、被保険者を把握・管理して保険料を徴収し、保険給付を行う事由が生じた場合には、保険給付（介護サービスの提供）を行う役割があります。

市町村は、介護保険の保険者として次ページに掲げる事務を行うものとされていますが、そのうちの主なものについて、若干の説明をしておきます。

●**被保険者の資格管理**　市町村の区域内に住民登録をしている65歳以上の人を把握して管理します。保険料の徴収と保険給付に欠かせない事務です。40歳以上65歳未満の人（第2号被保険者）の資格管理は、医療保険者の事務です。

●**要介護認定・要支援認定**　保険給付の前提となる重要な事務です。認定を申請した被保険者について必要な調査を行い、一次判定、二次判定を経て認定の決定を行います。

●**保険給付および地域支援事業**　介護保険法に定められた法定の保険給付および地域支援事業によるサービスの提供や事業を行います。

●**市町村介護保険事業計画と第1号保険料の設定**　市町村介護保険事業計画は、保険給付費等の支出の見通しに基づいて3年を1期として定め、この計画に基づいて事業が運営されます。この計画によってその市町村の第1号被保険者の保険料の水準も定められることになります。

●**条例の制定**　介護保険の実施については国が定める介護保険法・施行令・施行規則、各種の基準に基づいて行われますが、その範囲内で市町村の条例に定めて独自のルールを定めることもできます。

●**介護保険の財政運営**　介護保険の会計は市町村の一般会計と区分して、介護保険特別会計を設けて行われます。市町村が公費で負担する定率の負担金や事務費など、一般会計からの繰入金の範囲も決まっていて、特別会計のなかで健全な運営をすることになっています。

市町村が行う介護保険関係の主な事務

❶ 被保険者の資格管理に関する事務

❷ 要介護認定・要支援認定に関する事務

❸ 保険給付に関する事務

> 被保険者証の発行は、❶に含まれます。

❹ サービス提供事業者に関する事務

（市町村に指定・指導監督の権限のある地域密着型サービス事業者等に関する事務を主に行います。）

❺ 地域支援事業および保健福祉事業に関する事務

❻ 市町村介護保険事業計画に関する事務

❼ 保険料に関する事務

> ❼は、65歳以上の人の介護保険料の賦課・徴収を行います。

❽ 介護保険の運営に必要な条例・規則等の制定、改正等に関する事務

条例により規定すべき事項

　介護認定審査会の委員の定数、第1号被保険者の保険料率の算定、普通徴収に係る保険料の納期その他保険料の賦課徴収等に関する事項、指定地域密着型介護老人福祉施設の入所定員、地域包括支援センターの基準

実施する場合に規定すべき事項

　区分支給限度基準額・福祉用具購入費や住宅改修費の支給限度基準額の上乗せ、種類支給限度基準額の設定、市町村特別給付、保険料の減免・徴収の猶予、過料に関する事項

❾ 介護保険の財政運営に関する事務

介護保険事業の広域化：一部事務組合、広域連合

　小規模な市町村では、要介護認定等の必要な事務を独自に行うには、事務負担が大きすぎたり、人材確保が難しかったりする場合があります。また、近隣の市町村に比べて保険料に較差が生じたりして、安定的に介護保険事業を運営するのが困難な場合があります。

　このような場合に、隣接する複数の市町村が一部事務組合や広域連合を設置して、介護保険の運営の広域化を図ることがあります。一部事務組合や広域連合は、地方自治法に基づいて設置する特別地方公共団体です。要介護認定に関する事務のみを共同で行い保険者は各市町村とする一部事務組合や、広域連合を保険者としてすべての事務を行う場合など、さまざまな形態があります。

保険者を支える行政のしくみ (1)

●国の責務と国が行う事務　●医療保険者と年金保険者が行う介護保険関係の事務

国（厚生労働省）は、介護保険制度の運営に必要な事項を、政省令や告示で定めます。その際に厚生労働大臣は、あらかじめ厚生労働省に設置される社会保障審議会の意見を聴かなければならないとされています。

社会保障審議会は、学識経験者のなかから厚生労働大臣が任命する30人以内の委員、臨時委員、専門委員で構成され、社会保障や人口問題に関する調査・審議を行う機関です。介護保険に関しては、主にそこに置かれた介護保険部会や介護給付費分科会で審議して、厚生労働大臣に答申を行います。

国の行う事務は、次ページに掲げるように、大きく4つに分けることができます。それぞれについて若干の説明をしておきます。

❶　**制度運営に必要な各種基準等の設定**

市町村が要介護認定・要支援認定を行うにあたっては、国が定めた全国一律の基準に基づいて行わなければなりません。介護報酬や区分支給限度基準額の算定基準も基本的には全国一律のものです。サービス提供事業者の人員・設備・運営に関する基準は、居宅サービスや施設サービスは都道府県の条例に、地域密着型サービス等は市町村の条例に委任されていますが、そのもととなる基準は省令に定められ、地方自治体がすべてを自由に定めることはできません。条例で定めるにあたって、基準省令に「従うべき」もの、基準省令を「標準とすべき」もの、基準省令を「参酌すべき」ものが決まっています。

❷　**保険給付、地域支援事業、財政安定化基金等に対する財政負担**

介護保険制度を運営する費用は、保険料と公費（税金）で半々に賄うことになっていますが、国は公費のうちの大きな部分を負担します。

❸　**介護サービス基盤の整備**

介護保険の運営は、市町村介護保険事業計画、都道府県介護保険事業支援計画に基づいて行われますが、この計画は、国が策定する「基本指針」に沿って作られなければなりません。国は必要な情報提供、技術的な助言を行います。

❹　**介護保険事業の健全・円滑な運営のための指導・監督・助言等**

市町村・都道府県に対する報告請求や助言等、医療保険者・社会保険診療報酬支払基金・国民健康保険団体連合会が行う介護保険事業関係の業務に対する報告徴収・実地検査等を行います。その結果は、介護保険事業状況報告の月報・年報として公表されています。

国が行う主な事務

❶ 制度運営に必要な各種基準等の設定等

- 要介護認定基準、要支援認定基準
- 介護報酬の算定基準　　　● 区分支給限度基準額
- 都道府県・市町村がサービス提供事業者等の人員・設備・運営に関する基準を定めるにあたって「従うべき」または「標準とすべき」あるいは「参酌すべき」基準
- 第2号被保険者負担率（第2号被保険者の費用負担割合）
- 「介護予防・日常生活支援総合事業の適切かつ有効な実施を図るために必要な指針」の作成・公表

❷ 保険給付、地域支援事業、財政安定化基金等に対する財政負担

❸ 介護サービス基盤の整備

- 市町村介護保険事業計画・都道府県介護保険事業支援計画のもととなる「基本的な指針」の策定
- 都道府県介護保険事業支援計画の作成上重要な技術的事項についての助言
- 市町村介護保険事業計画・都道府県介護保険事業支援計画に定められた事業の円滑な実施のための情報提供、助言等の援助

❹ 介護保険事業の健全・円滑な運営のための指導・監督・助言等

- 市町村に対する介護保険事業の実施状況に関する報告請求
- 都道府県・市町村が行うサービス提供事業者等に対する指導監督業務等についての報告請求・助言・勧告
- 医療保険者が行う介護給付費・地域支援事業支援納付金の納付関係業務に関する報告徴収・実地検査
- 社会保険診療報酬支払基金が行う介護保険関係業務に関する報告徴収・実地検査
- 国民健康保険団体連合会が行う介護保険事業関係業務に関する指導監督

医療保険者が行う介護保険関係の事務

　医療保険者は、そこに加入している介護保険の第2号被保険者の介護保険料を医療保険料と一体的に徴収して、社会保険診療報酬支払基金に納付する事務を行います（32・33ページ参照）。

年金保険者が行う介護保険関係の事務

　年金保険者は、第1号被保険者の介護保険料を、年金支給の際に天引きして市町村に納付する事務を行います（30・31ページ参照）。

保険者を支える行政のしくみ (2)

● 都道府県の責務と都道府県が行う事務

　都道府県には、広域的な地方公共団体として、保険者である市町村を支援することが求められています。具体的には、次ページに掲げるような事務を行いますが、理解のポイントとなる点について説明をしておきます。

　なお、都道府県が行う事務のうち政令で定めるものについては、指定都市および中核市が行うこととされています（大都市特例）。

❶　要介護認定・要支援認定業務の支援に関する事務

　要介護認定・要支援認定は市町村が行う事務ですが、小規模な市町村では、複数の市町村間で介護認定審査会の共同設置を行ったり、審査判定業務を都道府県に設置された都道府県介護認定審査会に委託したりします。また、認定調査等の事務を行う指定市町村事務受託法人の指定は、都道府県が行います。

❷　財政支援に関する事務

　公費負担については、一部を除いて市町村と同じ割合で負担しています。

❸　サービス提供事業者に関する事務

　市町村に指定・指導監督の権限がある地域密着型サービス事業者や居宅介護支援事業者等を除いて、居宅サービス事業者・介護予防サービス事業者・介護保険施設の指定や許可・指導監督は都道府県が行います。これらの事業者・施設に関する人員・設備・運営に関する基準の設定も都道府県の事務です。

❹　介護サービス情報の公表に関する事務

　サービス提供事業者・施設には、自社の提供するサービスに関する情報を公表する義務がありますが、この情報に関する必要な調査・公表の事務は、都道府県に集約して行われます。

❺　介護支援専門員に関する事務

　介護支援専門員実務研修受講試験・実務研修の実施、介護支援専門員の登録・登録更新、介護支援専門員証の交付を行います。

❻　介護サービス基盤の整備に関する事務

　3年を1期とする都道府県介護保険事業支援計画を策定し、市町村介護保険事業計画を作成するうえでの技術的事項について市町村への助言を行います。

❼　その他の事務

　介護保険審査会を設置して、要介護認定等の行政処分に関する被保険者やサービス提供事業者からの不服審査請求を処理します。

都道府県が行う主な事務

❶ 要介護認定・要支援認定業務の支援に関する事務
- 市町村による介護認定審査会の共同設置等の支援
- 都道府県介護認定審査会の設置
- 指定市町村事務受託法人の指定

❷ 財政支援に関する事務
- 保険給付、地域支援事業に対する財政負担
- 財政安定化基金の設置・運営
- 市町村相互財政安定化事業の支援

❸ サービス提供事業者に関する事務
- 居宅サービス事業、介護予防サービス事業、介護保険施設等の人員・設備・運営に関する基準の設定
- 居宅サービス事業者、介護予防サービス事業者、介護保険施設の指定や許可・指定更新・指導監督等
- 市町村が行う地域密着型サービス事業者の指定に際しての助言・勧告

❹ 介護サービス情報の公表に関する事務
- 介護サービス情報の公表および必要と認める場合の調査
- 介護サービス情報の公表に関する介護サービス事業者に対しての指導監督

❺ 介護支援専門員に関する事務
- 介護支援専門員の登録・登録更新
- 介護支援専門員証の交付
- 介護支援専門員実務研修受講試験および実務研修の実施

❻ 介護サービス基盤の整備に関する事務
- 都道府県介護保険事業支援計画の策定・変更
- 市町村介護保険事業計画作成上の技術的事項についての助言

❼ その他の事務
- 介護保険審査会の設置・運営
- 市町村に対する介護保険事業の実施状況に関する報告請求
- 市町村が行うサービス提供事業者等に対する指導監督業務等についての報告請求・助言・勧告
- 医療保険者や社会保険診療報酬支払基金、国民健康保険団体連合会が行う介護保険関係業務に関する報告徴収・実地検査、指導監督

被保険者 (1)

● 被保険者の権利と義務　● 被保険者の範囲

　被保険者とは、保険に加入して保険料を納付する義務を負い、保険事故が生じた場合には保険給付を受け取る権利がある者のことをいいます。

　介護保険制度では、一部の例外を除いて、40歳以上のすべての国民は、加入の意思のあるなしにかかわらず、介護保険に加入して住所地の市町村の被保険者となるという「強制適用」の制度がとられています。

　介護保険の被保険者には第1号被保険者と第2号被保険者の2種類があり、それぞれの要件は次のとおりです。

● **第1号被保険者**　市町村の区域内に住所を有する65歳以上の者
● **第2号被保険者**　市町村の区域内に住所を有する40歳以上65歳未満の医療保険加入者

　第1号、第2号に共通している「住所要件」は、在留期間が3か月以上あって住民基本台帳法の適用を受ける在日外国人も、この要件を満たしていると認められています。逆に、日本国籍があっても海外に長期間滞在していて日本に住民登録をしていない人は、被保険者にはなりません。

　第2号被保険者には「医療保険加入者」という要件がありますが、これは第2号被保険者の保険料を医療保険者が医療保険の保険料とともに徴収するためです。

第1号被保険者と第2号被保険者の違い

　ほとんどの国民は、年齢が40歳に到達すると第2号被保険者になり、65歳に到達すると第1号被保険者になります。

　保険料負担については、第1号被保険者と第2号被保険者の一人当たりの平均的な保険料が同レベルになるように制度設計されているので、同程度に義務を負っているといえます（個々の保険料負担は所得や加入している医療保険によって決まるので較差があります）。

　保険給付を受ける権利については、若干の違いがあるといえます。第1号被保険者の場合は、要支援状態・要介護状態にあると認定されることにより、介護サービス（保険給付）を受けることができます。しかし第2号被保険者については、支援や介護を必要とする障害の原因が介護保険法で定める「特定疾病」である場合に限定されています。特定疾病は「加齢に伴って生ずる心身の変化に起因する疾病」であり、16の疾病（疾病群）が指定されています（39ページ参照）。

適用除外

　次に掲げる施設の入所者・入院者は、被保険者の資格要件に該当していても、介護保険の被保険者としない扱いになっています。これらの施設に入所すると入所日の翌日から被保険者の資格を喪失し、施設を退所するとその日から被保険者資格を取得します。

❶　障害者総合支援法上の生活介護および施設入所支援を受けている指定障害者支援施設の入所者

❷　身体障害者福祉法に基づく措置による障害者総合支援法上の障害者支援施設（生活介護を行うものに限る）の入所者

> これらの施設には、40歳以上の重度の障害をもつ人が多く入所していて、介護に相当するサービスが提供されている実態から、適用除外とされているのです。

❸　児童福祉法上の医療型障害児入所施設の入所者

❹　児童福祉法上の医療型児童発達支援を行う医療機関の入院者

❺　国立重度知的障害者総合施設のぞみの園が設置する施設の入所者

❻　国立ハンセン病療養所等の入所者

❼　生活保護法上の救護施設の入所者

❽　労災特別施設の入所者

❾　知的障害者福祉法に基づく措置による障害者支援施設の入所者

❿　障害者総合支援法上の生活介護および施設入所支援を受けて指定障害者支援施設に入所している知的障害者および精神障害者

⓫　障害者総合支援法上の指定障害福祉サービス事業者である病院（同法上の療養介護を行うものに限る）の入院者

生活保護の被保護者の扱いは？

　生活保護の被保護者の場合は、次のような扱いになります。

40歳以上65歳未満　生活保護を受けるようになると、国民健康保険の被保険者から除外されますので、医療保険加入者という要件を満たさなくなり、多くの場合、介護保険の被保険者にはなりません。介護サービスは、生活保護の介護扶助で行われます（ほとんどの場合、生活保護法の指定介護機関は介護保険法のサービス提供事業者なので、実質的に変わるところはないともいえます）。

65歳以上　第1号被保険者となり介護サービスは介護保険から給付されます。1割の利用者負担分は生活保護の介護扶助で行われます。保険料は、生活扶助に介護保険料加算がプラスされて納付に充てることになります。

被保険者（2）

● 被保険者証　　● 資格の得喪の届出　　● 住所地特例

被保険者証

　被保険者証は、要介護認定等を申請するときや介護サービスを利用するときには、添付したり提示したりしなければならないものです。

　市町村は、年齢到達によって第1号被保険者の資格を得た被保険者全員に、被保険者証を交付します。第2号被保険者には原則として交付されませんが、要介護認定等を申請した人、交付の申請をした人には交付されます。

　被保険者証は三つ折りのカード状の様式になっています（資料編178・179ページ参照）。表面（一）には、被保険者の住所・氏名・生年月日等の情報が記載されます。表面（二）には、要介護状態区分等・認定の年月日と認定の有効期間・居宅サービス等の1か月当たりの区分支給限度基準額が記載されます。サービス利用についての認定審査会の意見や利用できるサービスの種類の指定があった場合の記載欄もこの面にあります。表面（三）には、介護保険料の滞納があった場合に行われる給付制限についての記載欄、担当する居宅介護支援事業者または介護予防支援事業者の名称、介護保険施設に入所する場合の記載欄があります。裏面には、要介護認定等やサービス利用の際の注意事項が記載されています。

　サービス利用の際には必ず被保険者証を提示して、認定情報等を確認することになっています。紛失等でこの提示ができなかった場合には、保険給付をサービスの現物で受けることができず、市町村からの事後払い（償還払い）になります。

資格の得喪の届出

　介護保険法では、第1号被保険者に対して、次の場合に市町村に14日以内に届出をする義務を課しています（第2号被保険者の資格管理は医療保険者がしているので、市町村への届出義務は規定されていません）。

❶　転入または住所地特例・適用除外の対象でなくなったことによる資格取得
❷　外国人で65歳に到達したとき（公簿等で確認できる場合は省略できる）
❸　氏名の変更
❹　同一市町村内での住所変更
❺　所属世帯または世帯主の変更
❻　転出・死亡による資格喪失

　ただし、同一の事由で住民基本台帳法上の届出をすれば、介護保険法上の届出もあったとみなされます。❸〜❻の場合は被保険者証を添付して行います。

住所地特例

　介護保険制度では、住所地である市町村の被保険者となるのが原則です。しかし、介護保険施設や有料老人ホームに入所・入居するために、他市町村から住所を移してくる人を施設のある市町村の被保険者として認めると、施設のある市町村の給付費や保険料負担が増大することになります。

　この問題に対処するために設けられたのが「住所地特例」の制度です。これは、介護保険施設や特定施設（有料老人ホーム・養護老人ホーム・軽費老人ホーム）に入所することにより施設所在地に住所を変更したと認められる被保険者については、これらの施設に住所を移転する前の住所地であった市町村の被保険者とするという特例措置です（次図参照）。2か所以上の住所地特例対象施設に順次入所して、それぞれに住所を移した被保険者についても、最初の施設に入所する前の住所地であった市町村の被保険者として取り扱われます。

　住所地特例を適用される被保険者は、転出の際に、保険者である市町村に転出届とともに住所地特例適用届を提出します。施設を退所して元の住所に戻るときは、転入届と住所地特例終了届を提出する手続きを行います。

●居宅から住所地特例対象施設に入所等した場合

●複数の住所地特例対象施設に入所等した場合

●養護老人ホームの措置入所者が住所地特例対象施設に入所等した場合

●実質的な住所変更があったと認められる場合

第1号被保険者の保険料負担

● 保険料の算定　　● 所得段階別定額保険料

　個々の第1号被保険者の保険料（第1号保険料）の額は、政令で定める基準に従って市町村が定める「保険料率」によって算定されます。この保険料率は、市町村介護保険事業計画において見込まれる介護保険特別会計の収入と支出の差額を補うものとして、3年に一度、市町村の条例に定めて設定されます。

保険料の算定は、どのように行われるか？

　個々の第1号保険料の月額は、〔基準額×所得段階別の割合〕で算定されます。この〔基準額×所得段階別の割合〕を**保険料率**といいます（次ページの図参照）。政令に示された標準段階では、9段階のうちの第5段階を基準額としています。

　例えば、所得段階を9段階とし基準額を4800円とする市町村では、生活保護を受けている第1段階の人の保険料月額は〔4800×0.45〕で2160円、第7段階の人の保険料月額は〔4800×1.3〕で6240円と算定します。

　第1号被保険者のうちに後期高齢者、とりわけ85歳以上が占める割合が高い市町村では、保険給付費が増大して保険料のレベルを上げることになります。また、第1号被保険者の所得が相対的に低い市町村では、基準額を高く設定せざるを得なくなります。これらの理由による保険料の上昇を抑えて介護保険財政の均衡を図るために、国の公費負担には調整交付金が設けられています（34ページ参照）。

　第1号保険料の標準段階として9段階の所得段階が示されていますが、市町村は、被保険者の状況に合わせて、上位の段階をさらに多段階化したり、各段階の負担割合を変えたりすることができます。15段階以上の多段階化をしている保険者もあります。

低所得者の保険料負担の軽減

　次ページの図のように、市町村の基準額（標準段階における第5段階）以下の所得層には、保険料負担の軽減が行われますが、その財源は市町村民税本人課税の所得層が負担していることになります。

　国は、別枠の公費の投入により、2015（平成27）年度には第1段階を0.5から0.45に軽減し、さらなる軽減を行うことを予定しています（第1段階0.45→0.3、第2段階0.75→0.5、第3段階0.75→0.7）。しかし、消費税10％への増税が先延ばしになったため、完全には実施されていません。

第1号保険料の標準段階と低所得者の保険料負担の軽減

　市町村民税課税の世帯に属していて、本人の年金等収入が80万円を超えているが本人非課税の人は、住所地市町村の基準額である第5段階の保険料を負担します。第1〜第4段階では軽減が行われ、第6段階以上では基準額の1.2倍以上の保険料を負担します。

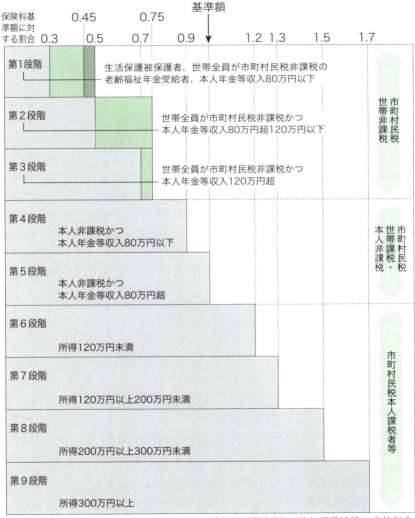

※所得は、住民税均等割の課税標準となる「合計所得金額」(給与所得控除や公的年金控除をした後で、基礎控除や人的控除をする前の金額)

　▨と▢は、別枠の公費によって強化する軽減
　(▨は2015年度に実施済み、▢は今後実施予定とされている)

第1号保険料の賦課と徴収

● 特別徴収と普通徴収　● 保険料の減免　● 滞納者に対する措置

　保険料の賦課は、市町村民税の賦課と同様に前年1月～12月の世帯および本人の所得を勘案して行われます。そのため、被保険者の前年の所得の把握を終える6月頃に額が確定して被保険者に通知されます（4月からの年度前半の月割りの保険料は仮徴収で行われ、年度後半の本徴収によって調整します）。

特別徴収

　第1号保険料の徴収は、原則として「特別徴収」により行われます。特別徴収とは、年金保険者が年金を支給する際に天引きで保険料を徴収し、市町村に納入する方式です。特別徴収は、年金額が年額18万円（月額1万5000円）以上の人を対象に行われ、被保険者の9割弱の人が該当します。

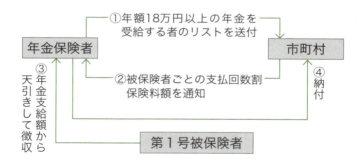

　特別徴収は、国民健康保険や後期高齢者医療制度でも行われ、このしくみにより徴収をもれなく行うことができます。

普通徴収

　年金額が年額18万円未満の人の場合は、特別徴収の対象とするのに適さないので「普通徴収」により徴収されます。普通徴収では、対象となる被保険者に納入通知書が送られ、市町村の窓口や金融機関で納付書により支払います。
　普通徴収の保険料は、公共料金や国民年金の保険料と同様に、市町村と委託契約を結んだコンビニエンスストア等で支払うこともできます。
　被保険者の配偶者や世帯主には、連帯納付義務があります。

保険料の減免

　市町村は、保険料を賦課した時点では予想できなかった災害等により、一時的に負担能力が低下した等の特別な理由がある人については、条例に定めることにより、保険料の減免や徴収猶予を行うことができます。

　減免や徴収猶予を行う具体的な事由・条件は市町村の条例に定めて行いますが、およそ3割の保険者で減免が行われています（平成28年度介護保険事務調査）。

　減免を行うにあたっては、次の3原則によることが適切であるとされています。

- ●全額免除を行わないこと
- ●収入のみに着目した一律の減免は行わず、個別申請により判定すること
- ●保険料減免分を補填するために一般財源からの繰入れを行わないこと

生活保護受給者の場合

　被保護者の場合は、生活保護制度の基本的な扶助である生活扶助に介護保険料加算が行われ、これを納付に充てることになっています。納付が確実に行われるように、福祉事務所から市町村に直接納付することも行われています。

保険料滞納者に対する措置

　市町村は、第1号被保険者である要介護者等が介護保険料を滞納している場合は、次の❶～❸の措置を段階的に行います。

- ❶　保険給付の支払方法の変更（現物給付→償還払い）
- ❷　保険給付の支払いの一時差止め
- ❸　滞納保険料と保険給付との相殺

　また、第1号被保険者が要介護認定等を受ける以前に保険料を滞納し、徴収債権が時効（2年）により消滅している場合であっても、市町村は、その被保険者が保険給付を受けるようになったときに、保険給付の減額の措置を行うことができます。具体的には、保険料の徴収債権の期間に応じて、原則9割の給付率を7割に下げ、滞納保険料との相殺を行います（利用者負担3割の人は、給付率を6割に下げます）。また、高額介護サービス費や特定入所者介護サービス費等の補足給付を支給しない措置が行われます。

　ただし、保険料の滞納が災害等の特別な事由による場合は、これらの措置が行われないことがあります。

第2号保険料の賦課と徴収

●医療保険者の役割と支払基金の業務

　介護給付費の50％は介護保険料で賄うことになっていますが、この保険料負担分は、第1号被保険者と第2号被保険者が、人数比に応じて公平に負担するしくみになっています（36ページ「介護保険制度の財源構成⑵」参照）。

　第2号被保険者は、40歳以上65歳未満の「医療保険加入者」とされていますが、これは、介護保険の第2号保険料が、医療保険の保険者によって医療保険の保険料の一部として賦課・徴収されるためです。医療保険者には、全国健康保険協会（協会けんぽ）、健康保険組合、公務員等の各種共済、国民健康保険などがあり、第2号保険料の賦課・徴収の役割を担っています。

　医療保険者が徴収した介護保険料は、社会保険診療報酬支払基金を介して、保険者である市町村に渡ることになります。

社会保険診療報酬支払基金（支払基金）の業務

　社会保険診療報酬支払基金は、都道府県に1か所ずつ設置され、医療保険の診療報酬の審査・支払いを行う機関ですが、介護保険制度の創設により介護保険関係の業務として、次の業務を行っています。

❶　各医療保険者に対して「介護給付費・地域支援事業支援納付金」を課します。この納付金が医療保険者に割り当てられる、第2号保険料として徴収すべき総額です。

❷　医療保険者は、割り当てられた介護保険料を、医療保険各法の規定に基づいた算定ルールにより40歳〜64歳の加入者に賦課・徴収し、それを「介護給付費・地域支援事業支援納付金」として支払基金に納付します。

❸　医療保険者から納付された納付金を「介護給付費交付金・地域支援事業支援交付金」として各市町村に交付します。

　この交付金の額は、その市町村に住所をもつ第2号被保険者の数には関係なく、その市町村の介護給付費や地域支援事業の費用のうちの定率負担分（現在は27％）として算定されます。

■第2号保険料の賦課・徴収の流れ

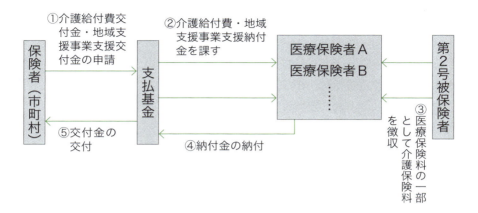

> ### 加入者割から総報酬割への移行
>
> 　これまでは、各医療保険に加入する人数に比例した割合で「介護給付費・地域支援事業支援納付金」の額を割り当てる「加入者割」のしくみがとられていましたが、加入者の総報酬の額に比例した割合で納付金の額を割り当てる「総報酬割」に移行することになりました（2017年の法改正）。
>
> 　「加入者割」では、加入者の平均所得の低い協会けんぽなどでは、報酬額に対する負担割合が健保組合や共済組合より高くなるため、その調整を行うために1450億円の国庫補助も行われていました。この公費を削減し、その分を所得の比較的に高い加入者で構成される健保組合や共済組合で負担してもらおうというものです。
>
> 　「総報酬割」は、2017（平成29）年8月分から2018（平成30）年度は2分の1に導入し、2019年度は4分の3に導入、2020年度から全面的に実施されます。この法改正によって、協会けんぽに割り当てられる納付額は減少し、加入者の報酬額に対する負担割合は減少します。これまで協会けんぽに行われていた国庫補助も、全面導入後はゼロになるとされています。その分、総報酬の高い健保組合の約75％、共済組合のほとんどの加入者は負担増となるとされています。
>
> 　なお、国民健康保険については、総報酬割は適用されず、加入者割で納付金が課されます。

介護保険制度の財源構成 (1)

●財源構成の原則　●公費による負担

　介護保険を運営する費用の大部分を占める介護給付費は、その財源の50％を公費（税金）で負担し、50％を保険料収入で賄うのが原則です。

公費は、国・都道府県・市町村が一定の割合で負担

　公費の負担割合は、給付費の内容によって2通りに分かれます。

　「居宅給付費」（在宅または在宅とみなされる人の利用するサービスに関する給付費）については、50％のうちの25％を国が負担し、12.5％ずつを都道府県と市町村が負担します。

　「施設等給付費」（介護保険施設と特定施設に関する給付費）については、国20％・都道府県17.5％・市町村12.5％の割合で負担します。国の負担が5％減り、その分を都道府県が負担することになります。

市町村間の介護保険財政の均衡を図る調整交付金

　国が負担する公費のうち5％にあたる部分は「調整交付金」といい、すべての市町村に同じ割合で交付されるのではなく、介護保険財政の均衡を図るために、傾斜的に交付されます。5％を超えて交付される市町村もあれば、5％より低い市町村もあります。

　調整交付金による調整が行われる主な事由は、次のようなケースです。

- 　●第1号被保険者に占める後期高齢者、とりわけ85歳以上の人の割合が高い（要介護状態になる可能性が高い）。
- 　●第1号被保険者の所得水準が低く、保険料負担能力が低い。

　このような市町村には、第1号保険料が高くなりすぎないように、5％を超えて交付され、介護保険財政が比較的に楽な市町村には、5％未満しか交付されません。このように、調整交付金は、市町村間の介護保険財政の均衡を図る役割を果たしています。

　調整交付金は、次ページの図に示すように、居宅給付費に関する25％、施設等給付費に関する20％のうちの5％を占めています。また、後述する介護予防・日常生活支援総合事業の国庫負担25％のうちの5％でもあります。

　このほか、非常災害等の特別な理由による保険料減免などの場合には、「特別調整交付金」が交付されることもあります。

　介護保険を運営する事務費には介護保険料は使われず、市町村の一般財源で賄い、一般財源から介護保険特別会計への繰入れが行われます。

保険給付・地域支援事業の費用負担割合

　介護保険財政において支出の大部分を占める介護給付費と地域支援事業（詳細は74〜79ページ）の費用は、下図のような負担割合によることとされています。

		介 護 給 付 費		地 域 支 援 事 業	
		居宅給付費	施設等給付費	介護予防・日常生活支援総合事業	包括的支援事業と任意事業
保険料	第1号保険料	平均※1 23%	平均※1 23%	平均※1 23%	23%
	第2号保険料	27%（介護給付費交付金）※2	27%（介護給付費交付金）※2	27%（地域支援事業支援交付金）※2	19.25%
公費	市町村	12.5%	12.5%	12.5%	19.25%
	都道府県	12.5%	17.5%	12.5%	38.5%
	国	調整交付金 25%	調整交付金 20%	調整交付金 25%	

※1　国からの調整交付金が傾斜的に交付されるため、23％より多く負担する市町村もあれば、23％を下回る市町村もある。

※2　第2号保険料は、医療保険者が徴収し、支払基金から介護給付費交付金および地域支援事業支援交付金として交付される。

介護保険制度の財源構成（2）

● 保険料負担の内訳　　● 給付費の伸びと負担の増大

　介護保険の財源の50％を構成する介護保険料は、第1号保険料と第2号保険料で賄われますが、その負担割合は、1人当たりの平均的な保険料が、第1号保険料と第2号保険料でほぼ同じレベルになるように定められます。第1号被保険者と第2号被保険者の総人数比で按分して負担することで、40歳以上の被保険者が平等に負担することになります。そのため、国は、介護保険事業計画の計画期間にあわせて、3年ごとに「**第2号被保険者負担率**」を政令に定めます。第2号被保険者の負担割合が決まれば、市町村が第1号被保険者から徴収しなければならない保険料の総額も決まります。第7期（2018年度〜2020年度）の第2号被保険者負担率は27％とされ、残る23％を第1号被保険者が負担します。

調整交付金も考慮して第1号保険料の算定を行う

　市町村は、介護保険特別会計に予定される支出額※から、公費負担と支払基金からの交付金（第2号保険料）による収入額を控除して、第1号被保険者から徴収する保険料を算定します。このとき、国からの調整交付金が5％より多く見込まれる市町村では、第1号保険料の負担割合は23％より低くなり、調整交付金が5％より少ない市町村では、23％より高くなります。

※**支出額**には、介護給付費のほかに地域支援事業の費用も含みます。そのうち、介護予防・日常生活支援総合事業については、介護給付費と同様の割合で第1号保険料と第2号保険料の負担がありますが、包括的支援事業と任意事業には第2号保険料は使われず、その分は国・都道府県・市町村が2：1：1の負担割合で補います。

第1号保険料で賄わなければならないその他の経費

　市町村特別給付や支給限度基準額の上乗せ、保健福祉事業など、市町村独自の給付や事業を行う場合には、その経費は第1号保険料で賄わなければならないとされています。また、都道府県に設置される財政安定化基金※は、国・都道府県・市町村が3分の1ずつ負担する拠出金で運営されますが、市町村の拠出金には第1号保険料が充てられます。

※**財政安定化基金**　通常の努力を行っても保険料未納によって生じた不足額について、基金はその2分の1の額を交付します。また、見込みを上回る給付費の増大による不足が生じた場合には、不足額に該当する貸付けを行います。貸付けを受けた市町村は、次の介護保険事業計画期間で第1号保険料を財源として返済を行わなければならないので、保険料は高くなります。

■給付費の急激な伸びと公費負担・保険料負担の増大

年度	介護保険事業計画	給付費（総費用額）	第1号保険料（全国平均）	介護報酬改定率
2000	第一期	3.6兆円	2,911円	
2001	第一期	4.6兆円	2,911円	
2002	第一期	5.2兆円	2,911円	
2003	第二期	5.7兆円	3,293円	−2.3%
2004	第二期	6.2兆円	3,293円	
2005	第二期	6.4兆円	3,293円	−1.9%
2006	第三期	6.4兆円	4,090円	−0.5%
2007	第三期	6.7兆円	4,090円	
2008	第三期	6.9兆円	4,090円	
2009	第四期	7.4兆円	4,160円	+3.0%
2010	第四期	7.8兆円	4,160円	
2011	第四期	8.2兆円	4,160円	
2012	第五期	8.8兆円	4,972円	+1.2%
2013	第五期	9.2兆円	4,972円	
2014	第五期	10兆円	4,972円	+0.63[※1]
2015	第六期	10.1兆円	5,514円	−2.27%
2016	第六期	10.4兆円	5,514円	
2017	第六期	?	5,514円	+1.14[※2]
2025		総費用額21兆円程度	保険料8,200円程度	

※1　消費税率引き上げによるもの
※2　介護職員処遇改善加算によるもの

要介護認定・要支援認定（1）

●認定の申請から始まる要介護認定・要支援認定の流れ

　被保険者が介護サービスを利用して保険給付を受けるためには、要介護認定または要支援認定（以下「要介護認定等」という）を受けることが必要です。

　市町村は、被保険者からの申請があった場合に、全国一律の客観的基準に基づいて認定の手続きを行います。この手続きによって、申請者が要介護者または要支援者に該当するか否か、該当する場合にはその程度（要介護状態区分・要支援状態区分）が判定されます（認定の手順は次ページの図参照）。

　要介護等状態区分（要介護1〜5、要支援1〜2、一般には「要介護度」という）によって、利用可能な介護サービスの種類や1か月に利用できる保険給付の上限額が決まることになるので、サービス利用の入り口にある最も重要な手続きといえます。

被保険者からの申請によって開始される要介護認定等

　介護保険サービスの利用を希望する被保険者は、市町村の担当窓口に要介護認定等の申請を行います。

　第1号被保険者は、申請書に被保険者証を添付して行います。第2号被保険者については、介護が必要になった状態が「特定疾病」による場合にのみ、認定が行われます。

　第2号被保険者には、ふつう被保険者証が交付されていないので、医療保険の被保険者証を提示して申請します。

　認定の申請の手続きは、家族・親族、成年後見人、民生委員、介護相談員、社会保険労務士などが代行して行うことができます。また、居宅介護支援事業者、介護保険施設、地域密着型介護老人福祉施設、地域包括支援センターも代行できます。

原則として申請から30日以内に認定が行われる

　市町村は、申請を受け付けてから30日以内に認定を行います。認定調査に日時を要するなど特別な理由のある場合は、市町村は見込み期間と理由を申請者に通知して処理期間を延長することができるとされています。

　認定の効力は、申請の日にさかのぼって生じる（認定の遡及効）ので、認定が下りることが見込まれ早急の介護サービスの利用が必要な場合は、申請から認定までの間に、暫定的なケアプランを作ってサービスを利用することも可能です。

第2号被保険者の認定に係る「特定疾病」とは

　介護保険法では「加齢に伴って生ずる心身の変化に起因する疾病」として、以下の16の疾病（疾病群）を定めています。第2号被保険者が要介護認定等を受けるには、介護を必要とする状態の原因がこれらの疾病によるものであるという医師の診断が必要です。

①がん末期　　②関節リウマチ　　③筋萎縮性側索硬化症
④後縦靱帯骨化症　　⑤骨折を伴う骨粗鬆症　　⑥初老期における認知症
⑦進行性核上性麻痺、大脳皮質基底核変性症およびパーキンソン病
⑧脊髄小脳変性症　　⑨脊柱管狭窄症　　⑩早老症　　⑪多系統萎縮症
⑫糖尿病性神経障害、糖尿病性腎症および糖尿病性網膜症
⑬脳血管疾患　　⑭閉塞性動脈硬化症　　⑮慢性閉塞性肺疾患
⑯両側の膝関節または股関節に著しい変形を伴う変形性関節症

要介護認定・要支援認定 (2)

●認定調査　●主治医意見書

　被保険者からの認定の申請を受け付けた市町村は、「認定調査」の日時・場所の手配を行うとともに、被保険者の主治の医師に「主治医意見書」の作成を依頼します。

認定調査は、被保険者の居宅を訪問して、本人と面接して行う

　認定調査は、認定調査員が、申請者の居宅において本人や家族と面接して行うのが原則ですが、本人が入院中などやむを得ない場合は、入院先で行うこともあります。認定を受ける被保険者本人から日常の状況を正確に伝えなければなりませんが、認知症がある場合などには、本人が質問の意味を理解できなかったり、認知症患者にしばしばある「取り繕い」などにより状況が正しく伝えられなかったりします。そのような場合には、同席する家族や介護者が正しい情報を伝えるようにします。

新規認定の認定調査は、市町村の職員が行うのが原則

　新規認定の場合は、市町村の職員である認定調査員が行います。市町村事務受託法人（都道府県が指定）に委託して行うことはありますが、居宅介護支援事業者などの事業者・施設に委託することはできません。（更新認定の場合は、居宅介護支援事業者、介護保険施設、地域密着型介護老人福祉施設、地域包括支援センター、介護支援専門員に委託することができます。）認定調査員として業務を行うには、都道府県・指定都市が行う介護保険認定調査員研修を修了していることが必要とされます。

　厚生労働省は、認定調査の細部における選択基準を記述した「認定調査員テキスト」を作成していますが、評価軸にバラツキがでないように検証して、数度の改訂を行っています。

全国共通の認定調査票を用いて行う

　認定調査票は、概況調査、基本調査、特記事項の三部から構成されています（資料編180〜185ページ）。

　概況調査では、被保険者に関する基本的なデータである氏名・生年月日・住所・電話など、現在受けている介護サービスの状況のほか、特記すべき家族状況、居住環境などが記載されます。

基本調査は、選択式で行われる

　認定調査の最も重要な部分であり、一次判定の結果に直結する基本調査は、調査員の質問に選択式で答える方式で行われます。

　次のような7分野にわたる57の小項目について、「できる」「できない」、「ある」「ときどきある」「ない」などの選択肢に〇を付ける方式です。

❶　身体機能・起居動作に関連する項目
❷　生活機能に関連する項目
❸　認知機能に関連する項目
❹　精神・行動障害に関連する項目
❺　社会生活への適応に関連する項目
❻　特別な医療に関連する項目
❼　日常生活自立度に関連する項目

　小項目の具体的な内容は、巻末の資料を参照してください（181〜184ページ）。

選択式で表現しきれないことは、特記事項に記述する

　選択式ではどちらとも判断しきれない場合や、追加すべき情報が得られたときは、項目ごとに特記事項として記述します。認定調査員テキストには「特記事項の例」が示され、どのような場合に、どう記述するかが詳しく解説されています。

　特記事項の内容は、介護認定審査会で行う二次判定において検討されます。

主治医意見書

　認定の申請を受け付けた市町村は、申請者の主治の医師に医学的な意見を求めます。これを「主治医意見書」といい、認定に際して必ず行わなければならない手続きとされています。

　申請者に主治医がいない場合には、市町村の指定する医師または市町村の職員である医師の診断を受け、主治医意見書が作成されます。

　主治医意見書は、全国共通の書式が定められていて（資料編186・187ページ）、医師は「主治医意見書記入の手引き」に従って作成します。

　主治医意見書の内容は、一次判定・二次判定における重要な資料になります。主治医意見書には「生活機能とサービスに関する意見」欄が設けられ、サービス利用による生活機能の維持・改善の見通しや、サービス提供時の留意事項など、医学的観点からの意見が記入されることもあります。

一次判定

● 一次判定と要介護認定等基準時間

要介護認定・要支援認定は一次判定と二次判定の2段階で行われます。

一次判定は、基本調査のデータを市町村がコンピュータに入力することで行われます。一次判定の結果は、最終判定である二次判定の原案となるものです。

一次判定に用いるソフトウェアは、全国一律のもの

国は介護保険制度の創設に先立ち、施設で行われている介護を対象に「1分間タイムスタディ」という調査法を用いて調査を行い、そこで得られた結果に基づいて、介護の行為ごとに要する時間の推計値を設定して、それをもとにコンピュータソフトを開発しました。その後、数度の変更・改良が行われています。

一次判定は、要介護認定等基準時間の推計で行われる

基本調査のデータをコンピュータに入力することにより、「要介護認定等基準時間」という申請者の1日当たりの介護に要する時間の推計値が得られます。これは実際に家庭で行われている介護時間そのものではなく、介護の必要性を判断する基準となるものです。申請者の要介護度は、要介護認定等基準時間により、次のように判定されます。

要介護認定等基準時間が25分以上32分未満　　→　要支援1
要介護認定等基準時間が32分以上50分未満　　→　要支援2 ⎫
要介護認定等基準時間が32分以上50分未満　　→　要介護1 ⎬※
要介護認定等基準時間が50分以上70分未満　　→　要介護2 ⎭
要介護認定等基準時間が70分以上90分未満　　→　要介護3
要介護認定等基準時間が90分以上110分未満　→　要介護4
要介護認定等基準時間が110分以上　　　　　→　要介護5

※32分以上50分未満の場合は、認定調査の「日常生活自立度に関連する項目」のデータを用いて、要支援2と要介護1のどちらに該当するかが判定され振り分けられる。

具体的な算定方法（コンピュータのロジック）

要介護認定等基準時間の算定は、基本調査で得られた5つの分野ごとの調査項目による分岐と5つの中間評価項目の得点による分岐を組み合わせた樹形モデルを用いて、申請者の心身の状況に最も近いデータを選び、それを合算して行われます（次ページの図参照）。

■要介護認定等基準時間算定の流れ

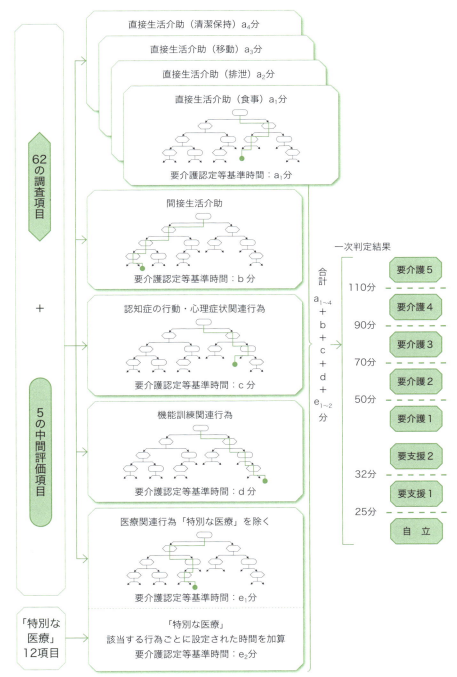

介護認定審査会で行う二次判定

● 二次判定の概要

　一次判定の結果は、介護認定審査会資料（次ページ参照）としてプリントアウトされ、認定調査の特記事項、主治医意見書とともに介護認定審査会に送付されます。介護認定審査会は、一次判定の結果を原案として審査・判定を行います。審査の結果、疑義がなければ原案通りの要介護等状態区分と判定しますが、検討の結果、状態区分が変更されることもあります。

二次判定は、一次判定の結果の妥当性の検討を中心に行う

　コンピュータに入力された基本調査の内容と、特記事項や主治医意見書の内容の間に不整合がないかどうかが検討されます。必要があると認める場合は、被保険者や家族、主治医などの関係者から意見を聴くこともできるとされています。

介護認定審査会の意見

　介護認定審査会は、判定結果を市町村に伝えるにあたって、次の2つの事項について附帯意見を述べることができます。

❶　**サービスの適切かつ有効な利用等に関し被保険者が留意すべき事項**

　　この意見があった場合は、市町村は被保険者証の所定の欄（資料編178ページ参照）に記入します。被保険者はその意見に留意してサービスを利用する必要があり、またサービス事業者・施設もこの意見に配慮してサービスを提供しなければなりません。

❷　**被保険者の要介護状態の軽減または悪化の防止のために必要な療養に関する事項**

　　この意見があった場合は、市町村は意見に基づき利用できるサービスの種類の指定を行うことができ、その種類は被保険者証の所定の欄に記載されることになります。

　またこの2つとは別に、認定の有効期間を、原則より短く、あるいは長くすることについて意見を述べることができ、市町村はこの意見に基づいて有効期間の短縮や延長を行います。被保険者の心身の状態が安定していると判断される場合は延長、疾病等により不安定であると判断される場合は短縮の意見を述べることができます。

取扱注意	介護認定審査会資料	平成21年4月15日 作成
		平成21年4月1日 申請
		平成21年4月7日 調査
		平成21年4月21日 審査

合議体番号：000666　No.　1

被保険者区分：第1号被保険者	年齢：85歳	性別：男	現在の状況：居宅（施設利用なし）
申請区分　：新規申請	前回要介護度：なし	前回認定有効期間：　　月間	

1　一次判定等
（この分数は、実際のケア時間を示すものではない）

一次判定結果　　：　**要介護1**

要介護認定等基準時間：**40.8分**

	食事	排泄	移動	清潔保持	間接	BPSD関連	機能訓練	医療関連	認知症加算
	3.4	2.0	2.0	6.0	10.9	6.2	6.1	4.2	0.0

非　支1　支2　介1　介2　介3　介4　介5

警告コード：

3　中間評価項目得点

第1群	第2群	第3群	第4群	第5群
82.1	100.0	100.0	92.6	48.4

4　日常生活自立度

障害高齢者自立度　　　　　：J2
認知症高齢者自立度　　　　：I

5　認知機能・状態の安定性の評価結果

認知症高齢者の日常生活自立度
　　認定調査結果　　　　　：I
　　主治医意見書　　　　　：IIa
認知症自立度II以上の蓋然性　：81.9％
状態の安定性　　　　　　：安定
給付区分　　　　　　　　：介護給付

6　現在のサービス利用状況（なし）

2　認定調査項目

	調査結果	前回結果
第1群　身体機能・起居動作		
1．麻痺　（左－上肢）		－
（右－上肢）		－
（左－下肢）	ある	－
（右－下肢）	ある	－
（その他）		－
2．拘縮　（肩関節）		－
（股関節）		－
（膝関節）		－
（その他）		－
3．寝返り	つかまれば可	－
4．起き上がり	つかまれば可	－
5．座位保持	自分で支えれば可	－
6．両足での立位	支えが必要	－
7．歩行	つかまれば可	－
8．立ち上がり	つかまれば可	－
9．片足での立位	支えが必要	－
10．洗身		－
11．つめ切り		－
12．視力		－
13．聴力		－
第2群　生活機能		
1．移乗		－
2．移動		－
3．えん下		－
4．食事摂取		－
5．排尿		－
6．排便		－
7．口腔清潔		－
8．洗顔		－
9．整髪		－
10．上衣の着脱		－
11．ズボン等の着脱		－
12．外出頻度		－
第3群　認知機能		
1．意思の伝達		－
2．毎日の日課を理解		－
3．生年月日をいう		－
4．短期記憶		－
5．自分の名前をいう		－
6．今の季節を理解		－
7．場所の理解		－
8．徘徊		－
9．外出して戻れない		－
第4群　精神・行動障害		
1．被害的		－
2．作話		－
3．感情が不安定		－
4．昼夜逆転		－
5．同じ話をする		－
6．大声を出す		－
7．介護に抵抗		－
8．落ち着きなし		－
9．一人で出たがる		－
10．収集癖		－
11．物や衣類を壊す		－
12．ひどい物忘れ	ある	－
13．独り言・独り笑い		－
14．自分勝手に行動する		－
15．話がまとまらない	ときどきある	－
第5群　社会生活への適応		
1．薬の内服	一部介助	－
2．金銭の管理	一部介助	－
3．日常の意思決定	特別な場合以外可	－
4．集団への不適応		－
5．買い物	見守り等	－
6．簡単な調理	全介助	－

〈特別な医療〉

点滴の管理	：	気管切開の処置	：
中心静脈栄養	：	疼痛の看護	：
透析	：	経管栄養	：
ストーマの処置	：	モニター測定	：
酸素療法	：	じょくそうの処置	：
レスピレーター	：	カテーテル	：

認定の決定と通知、有効期間、更新認定等

● 認定に係る詳細と更新認定等

　介護認定審査会の判定結果を受けて、認定の決定を行い被保険者に通知するのは市町村です。市町村は、被保険者証に要介護状態区分や要支援状態区分を記載し、被保険者に返還します。不認定（非該当）の決定があった場合には、理由を付して被保険者に通知し、被保険者証を返還します。このとき、要支援または要介護の認定があった被保険者には、介護保険負担割合証（62ページ参照）も発行されます。

認定の有効期間は、新規申請の場合、原則として6か月

　新規申請の場合、有効期間は6か月が原則ですが、市町村は、申請者の状態の安定度についての介護認定審査会の意見に基づいて、有効期間を3か月～12か月に短縮または延長することができるとされています。有効期間は月を単位として定められ、端数期間は有効期間に加えられるので、有効期間の満了日は月末の日付になります。例えば、4月5日に新規申請をして有効期間6か月の場合は、4月5日～10月31日が有効期間ということになります。

更新認定の場合

　要介護・要支援の認定を受けている被保険者は、認定の有効期間満了の日の60日前から満了の日までの間に、更新認定の申請をすることができるとされています。とはいえ、満了日近くになって申請した場合は、満了日を過ぎたあとに更新認定の結果が把握できない期間ができて、スムーズな更新とはいえません。そこで、居宅介護支援事業者や介護保険施設の運営基準では、満了日の30日前までに申請がなされるように援助する義務が課されています。更新認定の効力は、更新前の認定の有効期間満了日の翌日（月の初日）から生じます。

　更新申請の有効期間は、原則として12か月です。市町村は、介護認定審査会の意見に基づき、3か月～36か月に短縮または延長することができます。市町村の事務負担を軽減するため、2018年度から、これまで24か月だった延長の上限を、一定の要件のもとに36か月とする改正が行われました。

区分変更認定の場合

　要介護状態等の程度が変化し、認定されている状態区分以外の区分に該当すると思われるときには、有効期間の中途であっても随時変更認定の申請をすること

ができます。この手続きや有効期間は、新規認定に準じます。

更新認定、変更認定に係る認定調査

　新規認定の認定調査は市町村の職員が行うものとされていますが、更新認定や変更認定の認定調査は委託をして行うことができます。委託できる先は、居宅介護支援事業者、介護保険施設、地域密着型介護老人福祉施設、地域包括支援センター、介護支援専門員とされ、運営基準に規定する「利益の収受・供与の禁止」に違反したことがないことが条件になっています。

災害等で更新認定の申請ができなかった場合

　災害その他やむを得ない理由により、有効期間満了前に更新認定の申請ができなかった場合は、その理由がやんだ日から1か月以内に更新認定の申請をすることができます。この場合の更新認定の効力は、有効期間満了日の翌日までさかのぼるとされ、認定に空白が生じることはありません。

市町村が、職権により変更認定や認定の取消しを行うことがある

　通常、認定は被保険者からの申請により行われますが、被保険者からの申請によらずに状態区分変更の認定が行われることがあります。

　市町村は、被保険者の介護の必要の程度が、現に認定されている状態区分以外の区分（より軽度な区分）に該当すると認めた場合、職権により変更認定を行うことができます。

　また、要介護者や要支援者に該当しないと認めるときや、正当な理由なく職権による変更認定のための認定調査や主治医意見書のための診断命令に従わないときは、市町村は有効期間の満了前であっても、認定を取り消すことができます。

他の市町村へ住所移転した場合の認定

　認定を受けている被保険者が、住所を他の市町村に移した場合、介護保険サービスを利用するには移転先の市町村の認定を受けなければなりません。この場合は、移転前の市町村から認定に係る事項を証明する書面の交付を受けて移転先の市町村に申請を行い、認定調査や審査・判定の手続きを経ることなく、その書面の内容に基づいて認定が行われます。

介護認定審査会

● 介護認定審査会と指定市町村事務受託法人

　二次判定を行う介護認定審査会は、市町村ごとに設置するのが原則です。介護認定審査会は、市町村長が任命する保健・医療・福祉の学識経験者からなる委員で構成されます。委員の定数は、その市町村の被保険者の人数等を勘案して、市町村の条例に定められます。介護認定審査会には、委員の互選によって選ばれた会長が置かれ、介護認定審査会を代表します。

審査・判定は、委員5人を標準とする合議体で行う

　審査・判定を行う会議は、5人の委員を標準とする合議体で行われます。市町村は、委員の確保が著しく困難な場合や、更新認定の場合などに、審査・判定の質が維持されるものと判断できれば、5人より少ない合議体の委員の数を定めることができますが、少なくとも3人は必要とされます。合議体の委員は会長が指名する委員によって構成され、委員の互選によって合議体の長が選ばれます。

　委員の定数は、この合議体をいくつ置くかによって、市町村の条例に定めます。区域内の要支援者・要介護者が多い市町村では、複数の合議体を置くことになり、委員の定数も多く定めなければなりません。委員の任期は2年を原則とし、再任することも可能です。なお、市町村は委員の任期を条例に定めて、2年を超え3年以下とすることもできます。

　合議体における会議は、構成する委員の過半数の出席をもって行われ、議事は出席する委員の過半数をもって決することになります。可否同数の場合は、合議体の長がこれを決します。

審査・判定における公平性の確保

　合議体の委員の人選は、保健・医療・福祉各分野の均衡に配慮して行います。

　審査対象者が入所・入院する施設や、介護サービスを受けている事業所に所属する委員が、合議体に含まれないように調整します。該当する委員があるときは、その委員は審査対象者の状況等について意見を述べることはできますが、判定に加わることはできません。また、委員は、調査員として認定調査に従事することは禁じられています。

　委員には、あらかじめ一次判定の結果（介護認定審査会資料）、特記事項の写し、主治医意見書の写しが配布されますが、氏名・住所など個人を特定する情報は削除して配布することが望ましいとされています。

議事は、第三者に対しては、原則非公開

　一次判定の結果と特記事項、主治医意見書の内容に不整合が認められるときは、介護認定審査会は認定調査員や主治医に照会を行ったり、再調査を実施したりすることになります。また、必要な場合には、審査対象者・その家族、主治医、認定調査員など委員以外の参加を求めることができますが、第三者に対しては、原則非公開とされています。

介護認定審査会の共同設置による広域化、他市町村への委託

　介護認定審査会を、複数の市町村によって共同設置することができます。これによって、介護認定審査会の委員の確保、近隣の市町村間での公平な判定、認定事務の効率化を図ることができます。共同設置の場合は、共同で行うのは審査・判定業務に限られ、認定調査や認定自体は各市町村が行います。

　これを、広域連合や一部事務組合によって行うこともでき、その場合は、認定調査や認定自体を、広域連合や一部事務組合の事務とすることができます。

　介護認定審査会の設置を単独で行うことが困難な市町村は、他の市町村に審査・判定の事務を委託することもできます。

都道府県介護認定審査会への委託

　審査・判定業務を自ら行うことが困難な市町村は、この事務を都道府県に委託することも認められています。その場合には、都道府県介護認定審査会が置かれ、そこで審査・判定が行われます。この場合も、都道府県が行うのは審査・判定の事務であり、認定調査（市町村事務受託法人に委託することも可能）や認定自体は、市町村の事務です。

指定市町村事務受託法人

　指定市町村事務受託法人は、小規模な市町村の介護保険関係の事務を受託する法人として、都道府県が指定するものです。

　市町村が行う認定調査や、サービス担当者に対して文書の提出を求める事務などを受託して、市町村に代わって行います。市町村は、新規認定に関する認定調査を市町村の職員に行わせなければならないとされていますが、市町村事務受託法人に限って、この事務を委託することができます。

審査請求と介護保険審査会

●市町村の処分に対する不服審査

　保険者である市町村が被保険者に対して行った処分（例えば、要介護認定等の決定や保険料の徴収）に不服のある被保険者は、介護保険審査会に不服審査を請求することができます。介護保険審査会は、都道府県に１つ、都道府県知事の附属機関として設置されます。

介護保険審査会の審査の対象となる事項

　被保険者は、次の２つの事項について審査請求を行うことができます。

❶　**保険給付に関する処分**（被保険者証の交付の請求に関する処分および要介護認定・要支援認定に関する処分を含む）

❷　**保険料その他介護保険法の規定による徴収金に関する処分**（例えば、介護保険料を滞納した場合に課される延滞金に関する処分）

審査請求の手続き

　被保険者は、市町村による処分があったことを知った日の翌日から起算して３か月以内に、審査請求をしなければならないとされています。審査請求は、文書または口頭で行います。

　審査請求の対象となる処分の取消しを求める訴訟は、審査請求に対する介護保険審査会の裁決を経た後でなければ、裁判所に提起することができないとされています（これは「審査請求前置」と呼ばれています）。ただし、審査請求があった日から３か月を経過しても裁決が行われない等、一定の事由に該当する場合には、裁決を経ないで処分の取消しを求める訴訟を提起することが認められています。

介護保険審査会の委員

　介護保険審査会は、被保険者を代表する委員３人、市町村を代表する委員３人、公益を代表する委員３人以上の三者で構成されます。公益を代表する委員の定数は、要介護認定等に係る審査請求事件の件数その他の事情を勘案して、都道府県の条例に定められます。

　委員は、都道府県知事が任命し、任期は３年、再任も可能とされます。委員の身分は、非常勤の特別職地方公務員であり、守秘義務が課されています。

　介護保険審査会には、公益を代表する委員から委員が選挙する会長を置きます。

審議・裁決を行う合議体

審議・裁決は、介護保険審査会が指名する委員で構成する合議体で行われます。審議する処分の種類によって、それを取り扱う合議体の組織が異なります。

❶ 要介護認定等に係る審査請求事件

公益を代表する委員のうちから、介護保険審査会が指名する委員でもって構成する合議体で取り扱います。合議体の委員の定数は、都道府県の条例に定められます。この合議体では、構成するすべての委員の出席がなければ、会議を開き、議決することができないとされています。議事は、委員の過半数をもって決します。

❷ 上記❶を除く審査請求事件

会長を含む公益を代表する委員3人、被保険者を代表する委員3人、市町村を代表する委員3人で構成される合議体で取り扱います。この合議体では、三者を代表する委員各1人以上を含む過半数の委員の出席がなければ、会議を開き、議決することができないとされています。議事は、出席する委員の過半数をもって決し、可否同数の場合は会長が決します。

専門調査員

介護保険審査会には、都道府県知事の任命する専門調査員を置くことができます。専門調査員は、要介護認定・要支援認定に関する処分に対する審査請求事件に関し、専門の事項を調査するものです。これにより、審査請求事件の処理の迅速化・正確化を図ることができます。専門調査員は、保健・医療・福祉の学識経験者が任命されます。その身分は、非常勤の特別職地方公務員とされ、委員と同様に守秘義務が課され、違反した場合には罰則が適用されます。

審理のための処分

介護保険審査会は、審理のために必要があると認める場合には、審査請求人もしくは関係人に対して、報告や意見を求めたり、出頭を命じて審問したり、医師等に診断その他の調査をさせたりすることができます。介護保険審査会に出頭した関係人、診断や調査をした医師等には、都道府県から、旅費・宿泊料等の経費、日当、報酬が支払われます。

保険給付（1）

● 保険給付の種類と対象となるサービス

介護保険法では、保険給付を次の3つに大別しています。

❶ 介護給付（要介護の認定を受けた人に対する保険給付）

❷ 予防給付（要支援の認定を受けた人に対する保険給付）

❸ 市町村特別給付（要介護・要支援の認定を受けた人に対して市町村が条例に定めて行う、❶❷以外の保険給付）

保険給付は、居宅介護サービス費の支給、施設介護サービス費の支給、あるいは介護予防サービス費の支給など、保険給付の名称で行われます。次ページに、それぞれの保険給付の名称と対象になる介護サービスをまとめました。

例えば、介護給付では、「特例」が頭につくものを含めると14の保険給付の名称があります。予防給付には介護保険施設に関する給付はありませんから、12の保険給付ということになります。

保険給付とその対象になるサービスを整理して理解するには、別の観点から整理する方法もあります。

在宅に関する給付

居宅で暮らす人が利用できる保険給付です。介護給付では、11種の居宅サービスについての居宅介護サービス費、居宅介護福祉用具購入費、居宅介護住宅改修費、そして居宅介護支援に対する居宅介護サービス計画費が含まれます。

予防給付では、訪問介護と通所介護を除く9種の介護予防サービスについての介護予防サービス費、介護予防福祉用具購入費、介護予防住宅改修費、介護予防サービス計画費が含まれます。

有料老人ホームなどの施設の入居者も、在宅とみなしてここに含みます。

施設に関する給付

介護老人福祉施設、介護老人保健施設、介護医療院の介護保険3施設に入所している人に対する施設介護サービス費の保険給付です（経過措置で存続している介護療養型医療施設も対象）。予防給付には、これに該当する給付はありません。また、入所定員29人以下の介護老人福祉施設は、サービス内容は施設サービスですが、地域密着型サービスに分類され、施設介護サービス費の対象にはなりません。

■保険給付の種類とその内容

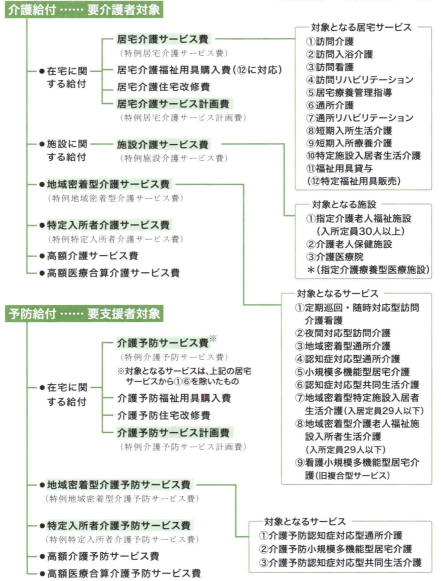

保険給付 (2)

●保険給付の種類と対象となるサービス　●現物給付と償還払い

地域密着型介護サービス費、地域密着型介護予防サービス費

　市町村が事業者を指定して指導監督し、市町村の区域内に在住する人を対象とする地域密着型サービスに関する給付は、地域密着型介護サービス費、地域密着型介護予防サービス費と呼ばれます。ここには、在宅に関する給付、施設サービスに類似のサービス、グループホームや特定施設などに入居して利用するサービスなどさまざまなサービスが含まれています。

　介護給付の地域密着型介護サービス費の対象には、9種のサービスを含み、予防給付の地域密着型介護予防サービス費の対象には、3種のサービスがあります。

特例サービス費

　前ページの図中に、カッコ書きされ頭に「特例」が付いた保険給付がありますが、次の場合に、市町村が必要と認めれば、償還払いで給付されるものです。

❶ 認定の申請前に、緊急その他やむを得ない理由でサービスを受けた場合

❷ 基準該当サービスを受けた場合

❸ 離島などで相当サービスを受けた場合

❹ 緊急その他やむを得ない理由で、被保険者証を提示しないでサービスを受けた場合

補足給付

　一般に「補足給付」と呼ばれている保険給付があります。介護給付では、特定入所者介護サービス費、高額介護サービス費、高額医療合算介護サービス費がこれに該当します。予防給付には、特定入所者介護予防サービス費、高額介護予防サービス費、高額医療合算介護予防サービス費があります。これは、施設に入所する低所得者（特定入所者）の食費・居住費（滞在費）の負担を軽減する保険給付と、利用者負担が所得に応じた一定額を超えた場合の保険給付です。

市町村特別給付

　介護給付、予防給付に含まれないサービスで「要介護状態等の軽減または悪化の防止に資するもの」として市町村が独自に行う保険給付です。市町村の条例に定めて、第1号保険料を財源として行います。配食サービス、移送サービス、ふとん乾燥サービスなどが行われています。

現物給付と償還払い

例えば、医療保険制度では、診療を受ける患者は通常3割の患者負担分を窓口で支払い、医療費の7割にあたる医療保険の給付は、金銭ではなく医療という現物で受給しています。介護保険制度でも同様に、利用者は原則1割の利用者負担のみをサービス提供事業者や施設に支払い、介護保険給付はサービスの「現物給付」という形で行われています。

法令上の建前では、保険給付は直接被保険者に金銭で行われるようになっていますが、利用者・サービス事業者双方の利便を図る観点から、現物給付化が行われています。サービスを提供した事業者は、その介護報酬の原則9割を、利用者を代理して市町村から受領します。

これに対して「償還払い」とは、利用者がいったんサービス費用の全額を支払い、利用者負担を除いた部分を市町村に請求して金銭給付を受けるものです。

現物給付が行われるための要件

❶　指定居宅サービス事業者・指定介護予防サービス事業者、指定地域密着型サービス事業者・指定地域密着型介護予防サービス事業者からサービスを受ける場合は、あらかじめ居宅介護支援・介護予防支援を受ける旨を市町村に届け出て（あるいは自ら計画を作成して市町村に届け出て）、受けるサービスが居宅サービス計画・介護予防サービス計画の対象になっていることが必要です。

❷　施設サービスについては、何らの手続きを要さずに現物給付化されます。

❸　❶の例外として、地域密着型を含む特定施設入居者生活介護、認知症対応型共同生活介護は、何らの手続きを要さずに現物給付化されます。

原則として償還払いとなるサービス利用

❶　特例サービス費の扱いとなった場合
　　特例サービス費の給付は、原則として償還払いとなります。

❷　現物給付になじまないサービスを受ける場合
　　福祉用具購入費と住宅改修費は、現物給付の制度になじまないので、償還払いの扱いとなります。

❸　高額介護サービス費、高額医療合算介護サービス費
　　被保険者からの申請により償還払いで給付されます。

介護報酬

● サービス提供事業者・施設の報酬

　保険給付費をサービス提供事業者の側からみると、提供したサービスに対する報酬になるので、医療保険の診療報酬にならって、これを「介護報酬」と呼んでいます。国は、各種サービスの費用の額を「介護報酬の算定基準」として全国一律に定めています。

　例えば、居宅サービスについては「指定居宅サービスに要する費用の額の算定に関する基準」があり、施設サービスについては「指定施設サービス等に要する費用の額の算定に関する基準」が規定され、事業者・施設はこれに従って介護報酬の請求を行います。

　介護報酬の算定基準は、原則として3年に1度改定されますが、厚生労働大臣は算定基準を定めるにあたって、あらかじめ社会保障審議会の意見を聴かなければならないとされています。社会保障審議会の介護給付費分科会における審議の過程は、公表されているのでインターネットを通じて確認することができます。

介護給付費単位数表

　介護報酬の算定基準は「介護給付費単位数表」として、サービスの種類ごとに細かく単位数で表示されています。サービスの種類により算定構造が異なっているので、提供時間や回数による算定、施設のタイプによる算定、要介護等状態区分による算定などが組み合わされて、複雑なものになっています。サービスの内容を評価する加算や減算を算定する場合の要件などは「注」として記載されています。

　単位数は、1単位10円を基本として算定されますが、人件費等に地域による格差があるので、「地域区分別単価」によって調整するように配慮されています。

算定基準が設定されていないサービス

　福祉用具購入費と住宅改修費は、支給限度基準額の範囲内で、かかった経費の原則9割が償還払いで支給されることになるので、算定基準は設定されていません。福祉用具貸与は算定基準に記載されていますが、その単位数は「現に指定福祉用具貸与に要した費用の額を事業所の所在地に適用される1単位の単価で除した単位数」とされていて、これは利用者と事業者の契約による自由価格という意味で、福祉用具の品目ごとに単位数が定められているわけではありません（ただし、商品ごとの平均貸与価格と上限価格が示される改正が行われました）。

56

地域区分別単価

　介護報酬は、介護給付費単位数表に定められたサービス内容ごとの単位数に、事業所の所在する地域ごとの1単位の単価を乗じて算定します。1単位の単価は10円を基本としますが、地域差とサービスごとの人件費の割合を勘案して、都市部においては上乗せが行われています。このしくみを「地域区分別単価」といいます。

　地域区分は、1級地〜7級地、その他の8区分に分けられ、「その他」の地域ではすべてのサービスについて上乗せは行われず、1単位の単価は10円で算定されます。また、居宅療養管理指導と福祉用具貸与については、どの地域区分においても上乗せは行われません。

上乗せの具体例

　1級地とされているのは東京都の特別区（23区）ですが、そこでは次のようにサービスの種類ごとの上乗せの割合が定められています。

- ●訪問介護、訪問入浴介護、訪問看護、定期巡回・随時対応型訪問介護看護、夜間対応型訪問介護、居宅介護支援（予防給付があるものは予防給付も同様、以下同じ）　→　14%
- ●訪問リハビリテーション、通所リハビリテーション、短期入所生活介護、認知症対応型通所介護、小規模多機能型居宅介護、看護小規模多機能型居宅介護　→　11%
- ●通所介護、短期入所療養介護、特定施設入居者生活介護、地域密着型通所介護、認知症対応型共同生活介護、地域密着型特定施設入居者生活介護、地域密着型介護老人福祉施設入所者生活介護、介護福祉施設サービス、介護保健施設サービス、介護医療院サービス　→　9%

実際にかかったサービス費用の額が、算定基準の額より低かった場合

　介護報酬の算定基準に定められたサービス費用の額は、いわばサービスの価格の上限であり、実際のサービス費用がこれより低かった場合には、実際にかかった額を請求するものとされています。

　この規定に基づき、事業者は介護報酬の割引を行うことも可能です。割引を行う場合には、サービスの種類ごとに割引率（%）を定めて、あらかじめ都道府県に届け出ることが必要です。割引できるのは福祉系のサービスに限られ、医療系のサービスについてはできないとされています。

支給限度基準額

● 在宅の人が受けることのできる保険給付の限度

　在宅の人が利用する複数のサービス（居宅サービス・地域密着型サービス）には、その合計額について1か月当たりの保険給付の支給限度基準額が設定されていて、これを超えるサービス利用については保険給付が行われません。

　支給限度基準額は、要介護等状態区分ごとに設定されています。介護給付では「居宅介護サービス費等区分支給限度基準額」、予防給付では「介護予防サービス費等区分支給限度基準額」といいます。

居宅サービス等区分・介護予防サービス等区分に含まれるサービス

　居宅サービス等区分に含まれ、区分支給限度基準額管理の対象になるのは、居宅サービスの訪問介護、訪問入浴介護、訪問看護、訪問リハビリテーション、通所介護、通所リハビリテーション、福祉用具貸与、短期入所生活介護、短期入所療養介護、短期利用の特定施設入居者生活介護、および地域密着型サービスの定期巡回・随時対応型訪問介護看護、夜間対応型訪問介護、地域密着型通所介護、認知症対応型通所介護、小規模多機能型居宅介護、短期利用の認知症対応型共同生活介護、短期利用の地域密着型特定施設入居者生活介護、看護小規模多機能型居宅介護の18種のサービスです。これらのサービス利用の合計額について支給限度基準額が管理され適用されます。介護予防サービス等区分に含まれるのは、上記のうちで予防給付が行われる10種のサービスです。

　施設サービス・地域密着型介護老人福祉施設入所者生活介護や、短期利用を除く特定施設入居者生活介護・認知症対応型共同生活介護には、支給限度基準額という概念はありません。また、居宅療養管理指導と居宅介護支援・介護予防支援の費用は、支給限度基準額管理の対象にはなりません。

要介護等状態区分ごとの区分支給限度基準額

要支援1	5,003単位
要支援2	10,473単位
要介護1	16,692単位
要介護2	19,616単位
要介護3	26,931単位
要介護4	30,806単位
要介護5	36,065単位

※区分支給限度基準の単位数は、利用者負担を含むサービス提供に要する費用の総額であり、保険給付はその9割（または8割、7割）が限度。

支給限度基準額の管理期間

区分支給限度基準額は、1か月単位で管理されます。したがって、新規認定により月の途中で認定の効力が発生した場合でも、1か月分の支給限度基準額が適用されます。

また、区分変更認定により、月の途中で要介護等状態区分が変わった場合には、重いほうの要介護度が適用されます。

福祉用具購入費支給限度基準額

特定福祉用具の購入に要する費用（福祉用具購入費）には、福祉用具購入費支給限度基準額が定められています。福祉用具貸与の費用は、区分支給限度基準額管理の対象として月ごとに管理されますが、福祉用具購入費は、毎年4月1日からの12か月間を管理期間として、購入費の合計額を対象に支給限度基準額が管理されます。

現在の額は、予防給付、介護給付の別なく、10万円（利用者負担を含む）です。

住宅改修費支給限度基準額

住宅改修費については、同一の住宅について行う厚生労働大臣告示に定められた内容の住宅改修について、支給限度基準額が定められています。

現在の額は、予防給付、介護給付の別なく、20万円（利用者負担を含む）です。管理期間の定めはなく、支給限度基準額に達するまでは何度でも行うことができます。また、住宅改修費の支給を受けた住宅から転居した場合には、転居先の住宅につき再度、住宅改修費支給限度額が適用されます。

なお、区分支給限度基準額と福祉用具購入費支給限度基準額、および住宅改修費支給限度基準額は、それぞれ独立したものとして設定されているので、他の支給限度基準額に影響を及ぼすことはありません。福祉用具購入費の保険給付があっても、区分支給限度基準額がその分減額されることはありません。

区分支給限度基準額に算入されない費用

介護報酬が発生しても区分支給限度基準額に算入されない費用があります。訪問介護などの特別地域加算、訪問看護などのターミナルケア加算や特別管理加算、通所介護などのサービス提供体制強化加算、短期入所療養介護の緊急時施設療養費・特別療養費・特定診療費などは、区分支給限度基準額管理の対象になりません。

保険給付の審査・支払いと国保連

●保険給付の審査・支払いの委託

　市町村は、現物給付で行われる保険給付の審査・支払いの業務を、国民健康保険団体連合会（国保連）に委託して行います。事業者・施設は、提供した介護サービスに係る費用の原則1割の請求を利用者に対して行い、残りの9割にあたる額（保険給付）の請求を国保連に対して行います。また、地域支援事業で行われる第1号事業支給費や介護予防・日常生活支援総合事業に係る費用の審査・支払いも、国保連に委託して行われます。

　償還払いで行われる特例サービス費、福祉用具購入費、住宅改修費については、利用者は、事業者・施設が発行する領収書を添付して、市町村に保険給付の申請を行います。

国民健康保険団体連合会（国保連）

　国民健康保険団体連合会は、国民健康保険の診療報酬の審査・支払いを行う公法人ですが、介護保険制度の創設によって介護保険事業関係業務も行うようになったものです。国民健康保険法に基づいて都道府県ごとに設置され、一般に「国保連」と呼ばれています。

　事業者・施設から受理した介護給付費請求書等の審査を行うため、国保連には介護給付費等審査委員会が置かれています。この委員会は、それぞれ同数の次の委員で構成されています。

❶　介護給付等対象サービス担当者または介護予防・日常生活支援総合事業担当者代表委員

❷　市町村代表委員

❸　公益代表委員

　委員は国保連が委嘱しますが、❶❷の委員は関係団体の推薦が必要とされます。委員の任期は2年です。

　介護給付費等審査委員会は、介護報酬の算定基準、事業者の設備・運営基準等に照らして、請求内容の審査を行い、市町村に費用請求をして支払いを受け、事業者・施設に支払いを行います。

介護報酬の請求と支払い

　サービスを提供した事業者・施設は、月末で締めて、当月分の介護給付費請求書を翌月10日までに国保連に送付します。この請求は、伝送または磁気媒体の提

出により行われていますが、一部では帳票（紙）による請求も認められています。支払いは、その翌月に行われます。つまり、サービス提供月の翌々月の支払いということになります。

介護報酬の審査・支払いの流れは、図のようになります。

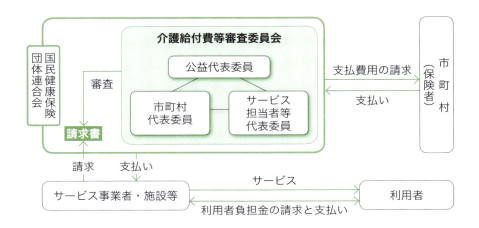

国保連の行う介護保険事業関係業務

国保連は、主要な業務として委託される介護報酬等の審査・支払いのほか、次の業務を行うものとされています。

❶ **苦情処理等の業務**

　介護サービスの提供について、利用者からの苦情を受け付けて事実関係の調査を行い、事業者・施設に対して指導・助言を行う業務です。この業務の対象になるのは、事業者の指定基準違反には至らない程度の事項についての苦情の調査、指導・助言であり、指定基準違反等にからむ立入検査や指定の取消し等は、指定権者である都道府県や市町村が行います。

❷ **第三者行為求償事務**

　被保険者が第三者の行為により要介護状態等になり保険給付が行われた場合に、市町村は、第三者に対して損害賠償請求権を取得しますが、その損害賠償金の徴収・収納の事務を国保連に委託して行うことができます。

❸ **その他の業務**

　その他の業務として、介護サービスの提供事業、介護保険施設の運営、その他介護保険事業の円滑な運営に資する事業を行うことができるとされています。

利用者負担

●利用者負担の原則 　●応能負担の導入 　●食費・居住費、その他の負担

　介護サービスを利用するときの利用者負担は、原則としてサービスに要する費用の1割とされ、例外を除いてサービスの種類にかかわらず、定率です。

　例外となるのは、居宅介護支援と介護予防支援の費用で、介護保険から10割給付され利用者負担は発生しません。

　介護保険制度の発足以来、すべての利用者がサービス利用の多寡に応じて、その費用の1割を負担するという「応益負担」の原則のもとに運営されてきましたが、給付費の増大が進むなかで制度の持続性を図る観点から、一部に「応能負担」のしくみも導入されました。

2割負担、3割負担の導入

　2014年改正によって、一定以上の所得がある第1号被保険者には、2割の利用者負担が適用されるようになり、2015年8月から実施されました。

　さらに、2017年改正により、2018年8月からは2割負担者のうち特に所得の高い層には、3割の利用者負担が適用されることになりました。

　2割負担が適用されるのは、「合計所得金額160万円以上」かつ「年金収入＋その他合計所得金額280万円以上（単身世帯の場合。夫婦世帯の場合は346万円以上。）」とされています。「合計所得金額」とは、給与収入や事業収入等から給与所得控除や必要経費を控除した額です。

　3割負担が適用されるのは、「合計所得金額220万円以上」かつ「年金収入＋その他合計所得金額340万円以上（単身世帯の場合。夫婦世帯の場合は463万円以上。）」とされています。3割負担であっても、高額介護サービス費の負担上限月額44,400円が適用されるので、例えば介護老人福祉施設の入所者には、負担増になる人はほとんどいないとされています。

　この措置は、介護サービスを利用する第2号被保険者には適用されません。

介護保険負担割合証の発行

　2割負担、3割負担の導入に伴い、要介護認定等を受けた第1号被保険者のすべてに、介護保険負担割合証（資料編188ページ参照）が発行されます。サービス利用時には、事業者・施設に対して提示することが必要です。負担割合は、住民税の賦課に用いられる前年の所得により判定されるので、適用期間は8月1日〜翌年7月31日となります。

施設サービスや短期入所サービスの食費・居住費（滞在費）

　介護保険施設に入所する場合の食費・居住費は、全額利用者負担になります。その額は、施設のタイプで異なり、利用者と施設との契約で決められることになります。短期入所サービス（短期入所生活介護・短期入所療養介護）における食費・滞在費も同様です。低所得者には、補足給付の特定入所者介護サービス費（66・67ページ参照）によって、負担の軽減が行われています。

居住系サービスの食費・居住費

　認知症対応型グループホームや有料老人ホームなどの特定施設に入居する場合も、保険給付の対象になるのは、そこで提供される介護サービスに限られ、食費・居住費は全額利用者負担です。

おむつ代と日常生活費の扱い

　日常生活で通常必要となる費用は「日常生活費」として利用者が負担し、保険給付の対象にはなりません。施設サービス・短期入所サービス・通所サービスで必要となる理美容代や教養娯楽費などがこれに該当します。

　おむつ代は、施設サービス・地域密着型介護老人福祉施設・短期入所サービスでは、保険給付に包括化されていて利用者負担にはなりません。通所介護や通所リハビリテーション等の通所系サービスでは、おむつ代は利用者負担です。

事業者の交通費、送迎の費用

　通常の事業の実施地域内では、事業者の交通費はサービス費用に含まれていて、利用者負担は発生しません。ただし、利用者の選定により、通常の事業の実施地域外の利用者にサービスを提供する場合は、事業者は別途交通費を請求することができるとされています。

　通所介護や通所リハビリテーションでは、事業所と利用者の居宅の間の送迎の費用は、基本サービス費に含まれているため、利用者負担は発生しません。したがって、送迎が行われなかった場合は、たとえ利用者の都合による場合であっても、片道につき一定額の減算が行われます。

　それに反し、短期入所サービスでは、送迎の費用は基本サービス費に含まれていないので、利用者の状況により送迎が必要と認められる場合には、送迎加算として費用が算定されます。

利用者負担の軽減と補足給付 (1)

●高額介護サービス費等　●高額医療合算介護サービス費等

　1割（または2割、3割）の利用者負担が著しく高額になった場合に、所得に応じて決められた一定額を超えた部分を、補足給付で補って軽減する保険給付があります。月単位で適用される高額介護サービス費・高額介護予防サービス費です。また、医療費と介護サービス費の利用者負担の合計額が一定額を超えた場合に、年単位で適用される補足給付として、高額医療合算介護サービス費・高額医療合算介護予防サービス費があります。

　これらは、必ずしも低所得者にのみ適用されるものではなく、一般の世帯や現役並みの所得のある世帯にも適用されるものです。

高額介護サービス費・高額介護予防サービス費

　月ごとの利用者負担が、所得に応じて決められた負担上限額を超えた場合、利用者からの申請により償還払いで支給される補足給付です。要介護者には高額介護サービス費、要支援者には高額介護予防サービス費という名称で支給されます。

　所得区分と負担上限額は、次の表のように世帯単位（一部は個人単位）で適用され、複数の利用者がいる世帯では、それぞれの利用者負担の合計額が世帯の負担上限額を超えた場合に、超えた額が給付されます。

■高額介護サービス費等の所得区分ごとの負担上限額

	所　得　区　分	世帯の負担上限月額
①	・生活保護の被保護者	個人15,000円
	・負担を15,000円へ減額することにより被保護者とならない場合	15,000円
②	・市町村民税世帯非課税	24,600円
	・負担を24,600円へ減額することにより被保護者とならない場合	24,600円
	・市町村民税世帯非課税で、【公的年金収入金額＋合計所得金額】の合計額が80万円以下である場合	個人15,000円
	・市町村民税世帯非課税の老齢福祉年金受給者	個人15,000円
③	下記④または上記①②に該当しない標準的な場合	44,400円※
④	現役並みの所得（本人課税所得が145万円以上）がある場合	44,400円

※同じ世帯の全ての65歳以上の人の利用者負担割合が1割の世帯には、年間446,400円の上限を設け、年間の負担額が増えないようにしている（2017年8月から3年間の時限措置）。

高額医療合算介護サービス費・高額医療合算介護予防サービス費

　介護保険に高額介護サービス費等の制度があるように、医療保険には高額療養費の制度があり、月ごとの患者負担が所得に応じて定められた一定額を超えた場合に、超えた部分が申請により給付されます。

　高額医療合算介護サービス費・高額医療合算介護予防サービス費は、各種の医療保険に加入する世帯内に介護保険サービスを受ける者がいる場合であって、1年間の医療保険の患者負担の合計額と介護保険の利用者負担の合計額を合算した額が、一定額を超えた場合に、被保険者からの申請に基づき給付されるものです。

　介護保険の高額介護サービス費や医療保険の高額療養費が支給される場合は、利用者負担・患者負担からこれらを除いた額の合計額が対象になります。基準となる一定額は、所得段階別・年齢別に政令で定められています。

　一定額を超えた額は、医療保険と介護保険それぞれの自己負担額の比率に応じて按分して、医療保険者と介護保険者から支給されるしくみになっています。介護保険から支給する給付を高額医療合算介護（予防）サービス費といい、医療保険から支給する給付を高額介護合算療養費といいます。算定の対象になる期間は、前年の8月1日から当年の7月31日です。

高額医療・高額介護合算制度における支給手続き

　下図①～⑤の手続きを経て支給額が算定され、医療保険者からは高額介護合算療養費が、市町村からは高額医療合算介護サービス費、または高額医療合算介護予防サービス費が支給されます。

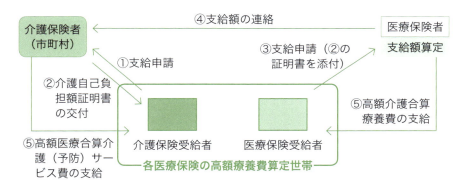

利用者負担の軽減と補足給付 (2)

● 特定入所者介護サービス費・特定入所者介護予防サービス費

　施設入所者の食費および居住費（滞在費）の負担を軽減する補足給付の制度があります。特定入所者介護サービス費・特定入所者介護予防サービス費です。

　介護保険制度の創設当時は、施設サービスにおける食費・居住費（短期入所サービスの食費・滞在費、通所サービスの食費）は基本サービス費に含まれていましたが、在宅の利用者との公平性を図るなどの観点から、2005年改正によって食費・居住費は保険給付の対象から除外され、全額利用者負担となりました。これに伴い低所得者への配慮が行われ、特定入所者介護（予防）サービス費の補足給付が創設されました。

　特定入所者介護サービス費は、施設サービスおよび地域密着型介護老人福祉施設入所者生活介護・短期入所生活介護・短期入所療養介護の食費・居住費（滞在費）を対象に適用され、特定入所者介護予防サービス費は、介護予防短期入所生活介護・介護予防短期入所療養介護の食費・滞在費を対象に適用されます。

特定入所者介護サービス費等の支給対象者

　支給対象者は、次の表の利用者負担段階が、第1段階、第2段階、第3段階に該当する人です。ただし、保有する資産も勘案され、現金・預貯金等が、単身で1,000万円、夫婦で2,000万円を超えている場合は、対象外となります。

■補足給付の利用者負担段階

利用者負担	対象となる人（次のいずれかに該当する場合）	
第1段階	① 市町村民税世帯非課税[注1]である老齢福祉年金受給者 ② 生活保護受給者 ③ 境界層該当者[注2]	
第2段階	市町村民税 世帯非課税	① 「合計所得金額＋課税年金・非課税年金収入額」が年額80万円以下 ② 境界層該当者
第3段階		① 利用者負担第2段階に該当しない人 ② 境界層該当者 ③ 市町村民税課税世帯の特例減額措置が適用される人
第4段階	第1、第2、第3段階のいずれにも該当しない人（他の世帯員が課税されている世帯における市町村民税本人非課税、本人課税等）	

注1：「市町村民税世帯非課税」とは、世帯主と全世帯員（本人を含む）が市町村民税世帯非課税者、または市町村の条例による市町村民税免除者を指す。

注2：「境界層該当者」とは、本来適用すべき食費・居住費（滞在費）・高額介護サービス費等の基準等を適用すれば生活保護が必要となるが、より負担の低い基準等を適用すれば生活保護が必要でなくなる人を指す。

所得に応じた食費・居住費の負担、負担限度額の認定

　施設を利用する場合の食費・居住費（滞在費）の額は、利用者と施設の契約で決められるものですが、国は標準的な額として「基準費用額」を、食費については一律に、居住費（滞在費）については施設の別と居室のタイプごとに一律に定めています。

　特定入所者介護サービス費等は、下図に示すように、所得段階に応じて定められた「負担限度額」と国の定めた「基準費用額」の差額について保険給付を行うものです。利用者は負担限度額を施設に支払い、補足給付は現物給付化されて、施設に支給されます。

■**食費・居住費の負担のしくみ**（例：食費に係る負担〔月額〕）

　第1段階〜第3段階に該当する人は、前年の所得が把握される毎年6月頃に、市町村に負担限度額認定の申請をします。特定入所者の要件を満たす被保険者には、「介護保険負担限度額認定証」（資料編189ページ参照）が交付されます。

　被保険者は、サービスを利用するにあたって、事業者にこの「認定証」を提示することで、負担限度額の範囲内で利用者負担の支払いをします。

その他の利用者負担軽減制度

●低所得者等に対する軽減制度

特別な理由による原則1割の定率負担の減免

　市町村は、災害等の特別な理由により、定率の利用者負担の支払いが一時的に困難と認められる被保険者について、定率負担を減額または免除すること（9割または8割もしくは7割とされている保険給付率を10割以下で市町村が定める率に引き下げること）ができます。

　対象となるのは、要介護被保険者等やその属する世帯の主たる生計維持者が、次のような理由で、定率負担が困難であると認められる場合です。

- ●震災、風水害、火災等で住宅等の財産が著しく損害を受けたこと
- ●死亡、心身の重大な障害や長期入院で収入が著しく減少したこと
- ●事業の休廃止や著しい損失、失業等で収入が著しく減少したこと
- ●干ばつ、冷害等による農作物の不作や不漁等で収入が著しく減少したこと

　このように、単に低所得者であるという理由のみで行われる減免ではありません。

利用者負担をした場合に生活保護が必要になる者の負担軽減措置

　本来であれば適用すべき所得段階の食費・居住費（滞在費）の負担限度額や、高額介護サービス費等の負担上限額を適用すると、生活保護が必要になるけれども、より負担の低い基準を適用すれば生活保護を必要としない人（「境界層該当者」という）については、軽減された基準を適用します。

市町村民税課税世帯における食費・居住費の特例減額措置

　本人または世帯員が市町村民税を課税されている所得段階（第4段階）の人は、特定入所者介護サービス費等の適用の対象から除外されていますが、夫婦の一方が施設に入所して食費・居住費を負担した結果、残された配偶者の生計が困難になるような場合には、第3段階とみなして特定入所者介護サービス費等の支給対象とします。

社会福祉法人による利用者負担の軽減制度 ─────────

　市町村や社会福祉法人は、従来から低所得者の介護サービス利用について、利用者負担の軽減を行っていましたが、2005年改正に伴って、同年10月から軽減制度を拡充しています。

　この軽減制度は、社会福祉法人が行う介護福祉施設サービス、介護予防サービスを含む居宅サービス・地域密着型サービスについて、定率1割の利用者負担、食費・居住費（滞在費）・宿泊費を対象に軽減を行い、そのうちの一定割合を市町村が助成するものです。食費・居住費（滞在費）については、特定入所者介護（予防）サービス費が支給されている場合に限り、負担限度額までの利用者負担についてさらに軽減を行います。

　軽減の対象者は、次の要件を全て満たした上で市町村が総合的に考慮して、生計が困難であると認定した人および生活保護受給者です。

- ●市町村民税世帯非課税で、年間収入が単身世帯で150万円以下、世帯員が1人増えるごとに50万円を加算した額以下であること
- ●預貯金等の額が、単身世帯で350万円以下、世帯員が1人増えるごとに100万円を加算した額以下であること
- ●日常生活に供する資産以外に活用できる資産がないこと
- ●負担能力のある親族等に扶養されていないこと
- ●介護保険料を滞納していないこと
- ●利用者負担が5％以下の旧措置入所者でないこと（ユニット型個室の居住費の利用者負担額は対象とされる）

　市町村は、利用者からの申請により対象者の認定を行い、減額の割合、有効期間等を記載した「社会福祉法人等利用者負担軽減確認証」を発行します。この確認証の内容に基づき、社会福祉法人は利用者負担の軽減を行います。

　軽減の程度は、原則として利用者負担の4分の1（老齢福祉年金受給者は2分の1）であり、利用者の世帯の状況等を総合的に考慮して、市町村が個別に決定します。生活保護受給者は、利用者負担の全額が軽減されます。

　市町村は、軽減を行ったサービスの種類に応じて、事業所・施設単位で次のように助成額を算定します。

- ●軽減額のうち、社会福祉法人が本来受領すべき利用者負担収入のおおむね1％を超えた部分の2分の1以下の範囲
- ●地域密着型を含む介護老人福祉施設については、軽減額のうち、社会福祉法人が本来受領すべき利用者負担収入のおおむね10％を超えた部分の全額

サービス事業者・介護保険施設 (1)

●居宅サービス事業者

　介護保険給付の対象になるサービスを提供するには、介護保険法の定めるところにより事業者指定を受けなければなりません。指定（介護老人保健施設・介護医療院では開設許可）を受ける事業者・介護保険施設は、次のように大別されます。
　①　指定居宅サービス事業者・指定介護予防サービス事業者
　②　指定地域密着型サービス事業者・指定地域密着型介護予防サービス事業者
　③　指定介護老人福祉施設・介護老人保健施設・介護医療院
　④　指定居宅介護支援事業者・指定介護予防支援事業者
　このうち、①と③の指定・指導監督を行うのは都道府県知事であり、②と④の指定・指導監督を行うのは市町村長です。なお、指定都市・中核市にあっては、これらの権限は都道府県から移譲されていて市長が行います。

　サービス事業者・介護保険施設の指定や指定の取消し、指導監督については上記の事業者ごとに規定されていますが、ここでは指定居宅サービス事業者を取り上げることとします（他の事業者・施設もおおむね同様です）。

指定居宅サービス事業者の指定、欠格事由

　居宅サービス事業者の指定は、居宅サービスの種類ごとに、かつ事業所ごとに行います。指定の有効期間は6年で、6年ごとに更新しなければなりません。
　都道府県知事が「指定をしてはならない」場合として、次の規定があります。
❶　申請者が、法人でないとき（申請者が病院・診療所、薬局の場合を除く）
❷　都道府県の条例で定める人員基準を満たしていないとき、設備・運営基準に従って適正な運営をすることができないと認められるとき
❸　申請者が、禁錮以上の刑に処せられその執行が終わっていない者であるとき、介護保険法その他の保健・医療・福祉に関する法律や労働に関する法律で罰金刑に処せられその執行が終わっていない者であるとき
❹　申請者が、社会保険料等について、滞納処分を受けかつ3か月以上滞納を続けている者であるとき
❺　申請者または密接な関係を有する者が、指定を取り消されてから5年を経過しない者であるとき
❻　申請者が、申請前5年以内に居宅サービス等に関し不正または著しく不当な行為をした者であるとき

指定の特例（みなし指定）

❶ 保険医療機関、保険薬局である病院・診療所、薬局については、当然に提供し得る一定の居宅サービスにつき、指定居宅サービス事業者の指定があったものとみなされます。病院・診療所については居宅療養管理指導・訪問看護・訪問リハビリテーション・通所リハビリテーション・短期入所療養介護（療養病床を有する病院・診療所により行われるものに限る）、薬局については居宅療養管理指導のみなし指定が行われます。

❷ 介護老人保健施設、介護医療院については、短期入所療養介護・通所リハビリテーションのみなし指定が行われます。

居宅サービス事業者に対する指導監督等

都道府県知事は、法令に基づき事業者に対し必要な指導監督を行います。

❶ **報告・立入検査等**

都道府県知事は、事業者やその従業者等に対して報告を求めたり、帳簿等の書類の提出・提示を求めたり、職員に立入検査をさせたりすることができます。この権限は市町村長にも与えられており、事業者が設備・運営に関する基準に従った適正な事業運営をしていないと認めるときは、市町村長は指定権限のある都道府県知事に通知しなければならないとされています。

❷ **勧告・命令等**

都道府県知事は、事業者が基準に違反したり、基準に従った適正な運営をしていないと認めるときは、基準を遵守し適正な運営をするよう、期限を定めて勧告を行います。事業者が期限内にこの勧告に従わなかったときは、その旨を公表することができます。事業者が、正当な理由なく勧告に係る措置をとらなかった場合には、都道府県知事は、期限を定めて勧告に係る措置をとるよう命令し、命令をしたときは、その旨を公示しなければなりません。

指定の取消し・効力停止

都道府県知事は、事業者等が法令に定める要件のいずれかに該当するときは、指定の取消し、あるいは期限を定めてその指定の全部または一部の効力の停止を行うことができます。指定の取消し・効力停止の要件には、指定にあたっての欠格要件に該当するに至ったとき、人員基準を満たせなくなったとき、設備・運営基準に従った適正な運営ができなくなったとき、介護報酬の請求に関し不正があったときなど13の項目が含まれています。

サービス事業者・介護保険施設 (2)

- ●介護予防サービス事業者　●居宅介護支援事業者　●介護予防支援事業者
- ●地域密着型サービス事業者等　●介護保険施設

指定介護予防サービス事業者

要支援者に対する介護予防サービスを行う指定介護予防サービス事業者は、都道府県知事が指定と指導監督を行います。要支援者対象のサービスは、居宅サービス事業所や地域密着型サービス事業所で一体的に行われることが多く、どちらかの指定基準を満たしていれば、もう一方の基準も満たしているとみなされます。

指定居宅介護支援事業者、指定介護予防支援事業者

指定居宅介護支援事業者は、要介護者に対するケアマネジメントを行う事業者として指定を受けたものです。指定・指導監督の権限は、2018年4月より都道府県知事から市町村長に移行しました。

指定介護予防支援事業者は、要支援者に対するケアマネジメントを行う事業者として市町村長の指定を受けたものです。

基準該当サービス事業者、離島等における相当サービス事業者

指定居宅サービス事業者等の指定要件を完全には満たしていない事業者であっても、市町村が一定の水準を満たしていると認めた場合には「基準該当サービス事業者」として、その提供するサービスを保険給付の対象とすることがあります。

基準該当サービス事業者は、訪問介護・通所介護など一部の居宅サービス、介護予防訪問入浴介護など一部の介護予防サービス、居宅介護支援、介護予防支援について認められています。保険給付は、原則として償還払いで行われます。

指定サービス事業者も基準該当サービス事業者も確保することが困難な離島等の地域では、市町村の判断でそれ以外の事業者を「相当サービス事業者」と認めて、その提供するサービスを保険給付の対象とすることが認められています。

指定地域密着型サービス事業者・指定地域密着型介護予防サービス事業者

原則として事業所のある市町村の区域内の利用者を対象にサービスを提供する地域密着型（介護予防）サービス事業者の指定、指導監督は、市町村長が行います。報告徴収・立入検査などの権限も、市町村長のみに属しています。

人員・設備・運営に関する基準は、厚生労働省令に定められた範囲内で、市町村の条例に定められます。

地域密着型サービス事業者の指定の注意点

- 地域密着型サービスの一部（定期巡回・随時対応型訪問介護看護、小規模多機能型居宅介護、看護小規模多機能型居宅介護）について、市町村長は、区域を指定して、それらの事業者の指定を公募により行うことができます。これらのサービスの見込み量の確保および質の向上のために行われるものです。公募指定の有効期間は、一律に6年ではなく、「6年を超えない範囲内で市町村長が定める期間」とされています。
- 隣接する市町村長の同意があれば、その市町村内にある地域密着型サービス事業所を、例外的に指定することができます。
- 認知症対応型共同生活介護、地域密着型特定施設入居者生活介護、地域密着型介護老人福祉施設入所者生活介護などに係る指定の申請があった場合に、市町村長は、これらのサービスの供給量が市町村計画の達成に支障を生ずるおそれがあるときは、指定をしないことができます。

介護保険施設の指定・許可等

- 指定介護老人福祉施設は、老人福祉法上の設置認可を受けている「特別養護老人ホーム」が「介護福祉施設サービス」を提供する施設として、都道府県知事による介護保険法の指定を受けたものです。入所定員30人以上の特別養護老人ホームが該当し、入所定員29人以下の特別養護老人ホームは、地域密着型介護老人福祉施設入所者生活介護の指定の対象になります。開設主体は、原則として地方公共団体と社会福祉法人に限定されています。
- 介護老人保健施設は、「介護保健施設サービス」を提供する施設として、都道府県知事の開設許可を受けたものです。開設主体は、地方公共団体、医療法人、社会福祉法人その他（国、日本赤十字社、健康保険組合、共済組合等）とされ、いずれも営利を目的としないものです。
- 介護医療院は、2017年改正で新たに創設された介護保険施設で、「介護医療院サービス」を提供する施設として、都道府県知事の開設許可を受けたものです。開設主体は、地方公共団体、医療法人、社会福祉法人などの非営利法人等に限られています。
- 指定介護療養型医療施設は、2011年改正で廃止の方針が決まり、介護保険法から削除されていますが、2018年3月までの経過措置がさらに2024年3月まで延長され、旧法の下に存続していくことになりました。今後、介護老人保健施設や介護医療院への転換が促進されていくものと思われます。

地域支援事業 (1)

●地域支援事業の意義・目的　●介護予防・日常生活支援総合事業

　市町村は、「被保険者の要介護状態等となることの予防又は要介護状態等の軽減若しくは悪化の防止及び地域における自立した日常生活の支援のための施策を総合的かつ一体的に行うため」、地域支援事業を行うこととされています。これは、法定の保険給付とは別に、介護保険の枠内で市町村が行う事業です。

　地域支援事業は、介護保険制度の持続性確保の観点から、予防重視型システムへの転換の一環として、2005年改正で介護保険制度に位置づけられたものですが、その後2011年改正を経て、2014年改正で大きく再編されたものです。

　地域支援事業は、必須事業として行うよう定められた「介護予防・日常生活支援総合事業」と「包括的支援事業」、そして「任意事業」に分けて、実施内容（事業の対象者や財源）が定められています（77ページの図参照）。

介護予防・日常生活支援総合事業の構成

　この事業は、「介護予防・生活支援サービス事業」と「一般介護予防事業」で構成されます。

介護予防・生活支援サービス事業（第1号事業）

　ここには次の4つの事業が含まれています。

❶　**第1号訪問事業**　居宅要支援者等を対象として、訪問介護サービスを行うものです。対象者には、要支援者のほか「基本チェックリスト」により支援が必要であると判定された人（事業対象者）を含みます。予防給付の介護予防訪問介護を利用していた人は、この事業によるサービスを利用することになりました。

❷　**第1号通所事業**　居宅要支援者等を対象として、通所介護サービスを行うものです。対象者などは訪問事業と同様で、予防給付の通所介護を利用していた人は、この事業の対象となります。

❸　**第1号生活支援事業**　居宅要支援者等の日常生活の支援として、❶や❷の支援と一体的に行われることにより効果があると認められる配食・見守り、定期的な安否確認・緊急時の対応等の生活支援サービスを行うものです。

❹　**第1号介護予防支援事業**　地域包括支援センターによる要支援者等に対するケアプラン作成等のケアマネジメントを行うものです。要支援者では、予防給付のサービス利用がない場合、本事業によるケアマネジメントが行われます。

介護予防・生活支援サービス事業の実施

　要支援者等の多様な生活支援のニーズに対して、多様なサービスを提供していくため、市町村は地域の実情に応じたサービス内容を工夫して行うものとされています。厚生労働省は、訪問型サービス・通所型サービスについて、ガイドラインとして典型例を示しています。

■訪問型サービスの典型例

基　準	改正前の訪問介護相当	多様なサービス			
サービス種別	①訪問介護	②訪問型サービスA（緩和した基準によるサービス）	③訪問型サービスB（住民主体による支援）	④訪問型サービスC（短期集中予防サービス）	⑤訪問型サービスD（移動支援）
サービス内容	訪問介護員による身体介護、生活援助	生活援助等	住民主体の自主活動として行う生活援助等	保健師等による居宅での相談指導等	移送前後の生活支援
対象者とサービス提供の考え方	○既にサービスを利用しているケースで、サービスの利用の継続が必要なケース ○以下のような訪問介護員によるサービスが必要なケース ・認知機能の低下により日常生活に支障がある症状・行動を伴う者 ・退院直後で状態が変化しやすく、専門的サービスが特に必要な者　等	○状態等を踏まえながら、住民主体による支援等「多様なサービス」の利用を促進		・体力の改善に向けた支援が必要なケース ・ADL・IADLの改善に向けた支援が必要なケース　※3〜6ケ月の短期間で行う	訪問型サービスBに準じる
実施方法	事業者指定	事業者指定／委託	補助（助成）	直接実施／委託	
基準	予防給付の基準を基本	人員等を緩和した基準	個人情報の保護等の最低限の基準	内容に応じた独自の基準	
サービス提供者（例）	訪問介護員（訪問介護事業者）	主に雇用労働者	ボランティア主体	保健・医療の専門職（市町村）	

　多様なニーズに対応したサービスを提供しながら費用の効率化を図ろうというものですが、サービス事業者にとっては報酬の低減という問題があり、住民主体の取組みではボランティア人材の確保という問題があって、利用者のニーズに応えたサービスを充実させるのはそう簡単なことではありません。

一般介護予防事業

　一般介護予防事業は、「介護予防把握事業」、「介護予防普及啓発事業」、「地域介護予防活動支援事業」、「一般介護予防事業評価事業」、そして「地域リハビリテーション活動支援事業」の5つの事業で構成されています。介護予防把握事業は、医療機関や住民の通報などを通じて、支援の必要な第1号被保険者を把握するものです。地域リハビリテーション活動支援事業は、通所・訪問サービスの場や、住民運営の通いの場等へのリハビリテーション専門職の派遣・関与を促進するものです。

地域支援事業 (2)

●包括的支援事業

地域支援事業の必須事業として、市町村は、次の6つの内容を含む包括的支援事業を行います。❶〜❸は従来から行われていた業務、❹〜❻は2014年改正で加わった事業です。

❶ 総合相談支援業務
❷ 権利擁護業務
❸ 包括的・継続的ケアマネジメント支援業務
❹ 在宅医療・介護連携推進事業
❺ 生活支援体制整備事業
❻ 認知症総合支援事業

市町村は、包括的支援事業を行うことを主目的として、直営または委託によって地域包括支援センターを設置します。

包括的支援事業として行われる業務・事業

● **総合相談支援業務**　総合相談、地域の実態把握、地域包括支援ネットワークの構築などを行うことにより、地域の高齢者が住み慣れた地域で安心して生活を継続していけるように支援を行います。

● **権利擁護業務**　高齢者虐待の防止および対応、消費者被害の防止および対応、判断能力を欠く状況にある人への支援などを行い、権利侵害の予防や対応を行います。

● **包括的・継続的ケアマネジメント支援業務**　地域の個々の介護支援専門員へのサポートを行うもので、介護支援専門員のネットワークの構築、支援困難事例についての相談・助言等の支援を行います。

● **在宅医療・介護連携推進事業**　在宅医療・介護に携わる者による会議の開催、研修の実施により、在宅医療と介護サービスを一体的に提供する体制を構築しようとするものです。

● **生活支援体制整備事業**　住民が参加する活動や、NPO法人、民間企業など多様な主体による多様なサービスを提供する体制づくりを推進する事業です。具体的には、生活支援コーディネーター（地域支え合い推進員）の配置や、協議体の設置が提案されています。

● **認知症総合支援事業**　複数の専門職による個別の訪問支援を行う認知症初期集中支援チームの設置や、認知症地域支援推進員の設置を行い、新オレンジプランに示された認知症施策を推進することをめざします。

■地域支援事業の概要

必須事業

●**介護予防・日常生活支援総合事業**（法115条の45第1項）

(1) **第1号事業**（介護予防・生活支援サービス事業）

イ 第1号訪問事業

ロ 第1号通所事業

ハ 第1号生活支援事業

ニ 第1号介護予防支援事業

・要支援者および基本チェックリストによる該当者が対象

(2) **一般介護予防事業**

・介護予防把握事業

・介護予防普及啓発事業

・地域介護予防活動支援事業

・一般介護予防事業評価事業

・地域リハビリテーション活動支援事業

・第1号被保険者のすべての者およびその支援のための活動に関わる者が対象

●**包括的支援事業**（法115条の45第2項）

❶ 総合相談支援業務

❷ 権利擁護業務

❸ 包括的・継続的ケアマネジメント支援業務

❹ 在宅医療・介護連携推進事業

❺ 生活支援体制整備事業

❻ 認知症総合支援事業

・すべての被保険者と関係者が対象

任意事業

●**任意事業**（法115条の45第3項）

❶ 介護給付等費用適正化事業

❷ 家族介護支援事業

❸ その他の事業

地域支援事業 (3)

●任意事業　●地域支援事業の利用料、財源など

市町村は、地域支援事業の任意事業として、次の事業を行うことができます。

❶　**介護給付等費用適正化事業**　ケアプランのチェック等を行うことで、給付費の適正化を図る事業です。

❷　**家族介護支援事業**　介護方法の指導等を通じて、要介護者を介護する家族を支援する事業です。

❸　**その他の事業**　介護保険事業の運営の安定化および被保険者の自立した日常生活の支援のために必要な事業を行います。

地域支援事業の利用料

介護予防・生活支援サービス事業で行う訪問型サービス、通所型サービス、生活支援サービスについては、市町村は独自に利用料を定めることができます。ただし、その単価については、要支援者が指定事業者からサービスを受ける場合は、旧介護予防訪問介護等の単価を上限として定めること、要支援者でない事業対象者が指定事業者からサービスを受ける場合は、それよりも低い単価を定めることとされています。つまり、地域の実情に応じた市町村の裁量により、費用の低減を図ることを可能とするものです。

利用者負担の割合も、市町村が独自に定めますが、その割合は介護給付等の1割（一定以上所得のある者は2割または3割）を下限として定めることとされています。

要支援者が指定事業者の行うサービスを利用する場合は、区分支給限度基準額管理が行われますが、原則として、予防給付の要支援1の区分支給限度基準額を目安として給付管理が行われます。

介護予防・生活支援サービス事業に要した費用は、利用者負担分を除いて第1号事業支給費として、指定事業者に支払われます。この支給費の審査・支払いの事務は、介護給付費と同様に市町村から国保連に委託して行われます。

地域支援事業の事業規模

地域支援事業の事業費については、政令で事業費の上限が定められており、市町村は、介護保険事業計画において上限の範囲内で事業内容・事業費を定めることになります。

地域支援事業の事業費の上限は、以前は事業全体で介護給付費見込額の3％以

内にするものとされていました。これに、介護予防・生活支援サービス事業の費用、対象となる高齢者の伸び率を勘案して市町村計画に定めていくことになります。

地域支援事業の財源構成

地域支援事業の財源は、介護給付費と同様に公費と保険料で賄われますが、介護予防・日常生活支援総合事業と包括的支援事業・任意事業とでは、その財源構成が異なります。

介護予防・日常生活支援総合事業では、公費50％、第１号保険料＋第２号保険料50％で賄われます。つまり、財源構成は介護給付費と同じです。公費のうち国の負担する25％には、調整交付金の５％が含まれています。

包括的支援事業と任意事業の財源には、第２号保険料は使われず、その分を国・都道府県・市町村が２：１：１の割合で負担します。

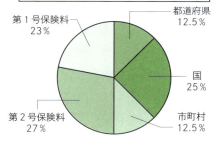
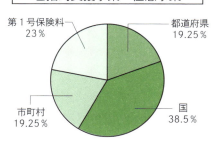

地域ケア会議の推進

市町村は、包括的・継続的ケアマネジメント支援業務の効果的な実施のために、会議を置くように努めなければならないとされています。地域包括支援センターで行われるこの会議は、地域ケア会議と呼ばれ、介護支援専門員、保健医療・福祉の専門的知識を有する者、民生委員その他の関係者・関係団体等で構成されるもので、個別の地域課題の検討・解決、地域包括支援ネットワークの構築、地域課題の発見を通じて、新しい社会資源の開発や政策の提言にまでつなげていこうとするものです。

「地域ケア会議の推進」は、包括的支援事業の枠組みのなかで行われるもので、2014年改正で包括的支援事業に新たに加わった３つの事業に並ぶものととらえることもできます。

地域包括支援センター

● 地域包括支援センターの役割

地域包括支援センターは、地域の高齢者の保健医療の向上および福祉の増進を包括的に支援することを目的として、市町村に設置されるものです。

地域支援事業の包括的支援事業等を一体的に実施する役割を担う中核的機関であり、支援が必要になった高齢者が最初に相談に訪れる窓口でもあります。

地域包括支援センターの設置主体

市町村は、直営または委託によって、地域包括支援センターを設置・運営します。

介護保険法では「包括的支援事業の実施の委託を受けた者は地域包括支援センターを設置できる」としています。包括的支援事業の実施の委託を受けることができるのは、老人介護支援センター（在宅介護支援センター）の設置者、一部事務組合または広域連合、医療法人、社会福祉法人、包括的支援事業を実施することを目的として設置された一般社団法人、一般財団法人またはNPO法人その他とされています。多くは、以前から「在宅介護支援センター」を設置して実績を重ねてきた社会福祉法人等が母体となって運営されています。

地域包括支援センターは、原則として、第1号被保険者の数が3,000～6,000人の圏域ごとに設置されます。市町村は、担当圏域を設置するにあたって、保健福祉圏域（生活圏域）との整合性に配慮して、最も効果的・効率的に業務が行えるように設定します。

地域包括支援センター運営協議会

市町村は、地域包括支援センター運営協議会を設置して、センターの体制整備、設置・変更・廃止、センター業務の法人への委託の可否、毎年度の事業計画、収支予算・決算等を行うにあたって、運営協議会の議を経なければならないとされています。運営協議会は、事業者・関係団体・被保険者等により構成されます。

包括的支援事業の委託

市町村は、包括的支援事業のうち、総合相談支援業務、権利擁護業務、包括的・継続的ケアマネジメント支援業務については、事業の実施に係る方針を示したうえで、地域包括支援センターに一括して委託しなければならないとされます。

その他の業務・事業の委託

　介護予防・生活支援サービス事業の対象者（要支援者を除く）の介護予防ケアマネジメント（第1号介護予防支援事業）や介護予防・日常生活支援総合事業も、地域包括支援センターに委託して行われます。また、一般介護予防事業で行われる事業や任意事業についても委託することができます。

　そのほか、前項で述べた地域ケア会議を主催することも、地域包括支援センターの重要な役割です。

職員の配置

　地域包括支援センターには、包括的支援事業を適切に実施するため、原則として、保健師、社会福祉士、主任介護支援専門員の3職種を置くこととされています。これら3職種の確保が困難な場合等には、保健師に準ずる者として地域ケア・地域保健に経験のある看護師など、それぞれの職種について「準ずる者」の範囲が示されています。

　1つのセンターが担当する地域には、これらの3職種をそれぞれ1人ずつ置きますが、規模が大きいセンターの場合は、複数名配置されることもあります。第1号被保険者の数が3,000人以下の圏域のセンターには、緩和した人員基準が適用されます。

指定介護予防支援事業者としての地域包括支援センター

　要支援者のケアマネジメントを行う介護予防支援事業者の指定を受けることができるのは、地域包括支援センターの設置者に限られています。したがって、地域包括支援センターの重要な業務は、指定介護予防支援事業者としての業務です。

　指定介護予防支援事業者は、事業所ごとに、保健師その他介護予防支援に関する知識を有する職員を1人以上の必要数を配置しなければならないとされています。保健師のほか、介護支援専門員、社会福祉士、経験ある看護師、高齢者保健福祉の相談業務に3年以上従事した社会福祉主事が該当します。

　地域包括支援センターの業務と指定介護予防支援事業者の業務とは、一体的に行われるため、双方の業務を兼務して行うことも認められています。

何事も法令に立ち戻って理解することが大切

　介護保険制度の基本的なしくみを理解するには、どのような法令のもとに制度が運営されているのかを知ることが大切です。事業所・施設の運営においても、コンプライアンス（法令順守）に徹して業務を行ってリスクを回避することが必要とされます。そのためには、介護保険制度がどのような法令の体系で組み立てられているかを知って、分からないことや疑問に思ったことがあったら、法令に立ち戻って調べてみることが常に必要になります。職場の上司や先輩の言うことでも、疑問を感じたらその根拠を法令によって自ら確かめていくという心掛けが必要です。

　介護保険制度の法体系および行政のしくみは、以下のようになっています。
- **介護保険法**　介護保険制度の上位に位置する「基本法」です。
- **介護保険法施行令**　基本法の規定を実施するために内閣が発する「政令」（命令）で、基本法には規定されない細目、時の経過によって変わり得る規定などを、基本法では「政令に定める」として、施行令に委任しています。
- **介護保険法施行規則**　行政事務を主管する大臣（厚生労働大臣）が発する命令で、一般に「省令」と呼ばれます。基本法では、細かい内容の規則を「厚生労働省令に定める」として、施行規則に委任しています。

　これら基本法関連の法令のほか、重要な厚生労働省令には、「**指定居宅サービス等の事業の人員、設備及び運営に関する基準**」のように、各種のサービス・施設に関する基準があります。これらの基準は、都道府県や市町村の条例に委任されているものも多くありますが、厚生労働省令に定める基準に従い定めるもの、基準を標準として定めるもの、基準を参酌して定めるものに分けて指定されています。

　介護報酬の算定基準は、「**指定居宅サービスに要する費用の額の算定に関する基準**」のように、厚生労働省の「告示」に定められています。

　そのほか、疑義が生じやすい細部については、「**指定居宅サービス等及び指定介護予防サービス等に関する基準について**」のように、一般に「解釈通知」と呼ばれる厚生労働省の「通知」に示されています。また、「老企発〇〇号」のように厚生労働省の担当部署から発する「通知」によっても、細目についての扱い方が示されています。

第3章

ケアマネジメントと
居宅介護支援事業者・
介護予防支援事業者

介護保険制度の運営のかなめにあって、

利用者と介護サービスをつなぐ働きをもつケアマネジメント。

在宅の利用者を対象にケアマネジメントを行う

居宅介護支援事業者と介護予防支援事業者を中心に、

業務の流れに沿って基本的な知識を得ておこう。

ケアマネジメントの位置づけと介護支援専門員

●ケアマネジメントと介護支援専門員の役割

　ケアマネジメントは、利用者の立場に立って支援を行う「利用者本位」のしくみとして、介護保険制度に位置づけられました。

　介護保険制度においてケアマネジメントを専門に行う事業者は、居宅介護支援事業者、介護予防支援事業者であり、これらは在宅の被保険者を対象にケアマネジメントを行います。居宅介護支援事業者では、介護支援専門員がその業務を行い、介護予防支援事業者では、保健師その他の担当職員がその業務を行います。

　また、介護保険施設や、認知症対応型共同生活介護、特定施設入居者生活介護、小規模多機能型居宅介護、看護小規模多機能型居宅介護などは、ケアマネジメントの機能を内包していて、それを実施する一定数の介護支援専門員を必ず置くものとされています。

ケアマネジメントの基本理念

　ケアマネジメントのあり方として強調されているのは、被保険者自身の選択によりサービスが提供されること、総合的・効率的なサービス提供が行われること、可能な限り居宅において自立した日常生活を営むことができるように配慮して行われること、介護予防・リハビリテーションの観点を重視してサービス提供が行われることなどです。

ケアマネジメントにおける介護支援専門員の意義

　介護支援専門員は、介護保険制度の運用のなかで、サービス利用の一連の過程に中心的にかかわる重要な職種です。利用者にとっては、介護保険利用において窓口的な役割を果たしています。そして、ケアプランの良否は利用者の生活の質を左右するものといえます。また、サービス提供事業者間にあっては、利用者との調整役としてなくてはならない存在といえます。

居宅介護支援事業所の介護支援専門員

　居宅介護支援事業者は、在宅の要介護者のケアマネジメント（居宅介護支援）を専門に行う事業者で、要介護者が利用する居宅サービスおよび地域密着型サービスに係る居宅サービス計画の作成を始め、サービス担当者との調整、給付管理等の業務を行う事業者です。

　居宅介護支援事業所は、介護保険施設や居宅サービス事業所等に併設されてい

るもの、独立した事業所とその形態はさまざまです。介護支援専門員1人が管理者を兼ねる事業所、複数の介護支援専門員が所属する事業所とその規模もさまざまです。

居宅介護支援事業者は、介護予防支援事業者（地域包括支援センター）から委託を受けて、介護予防支援の業務を行うこともあります。また、更新認定に係る認定調査の委託を受けることもあります。

居宅介護支援事業所の介護支援専門員は、利用者の在宅生活が困難になり施設に入所する場合には、情報提供を行うなどの連携を図ります。また、施設を退所して居宅に戻る場合や、病院から退院して居宅に戻る場合には、施設や病院との連携を図る役割もあります。

介護保険施設の介護支援専門員

すべての介護保険施設において、入所者の数が100人またはその端数を増すごとに1人以上の介護支援専門員を配置することとされています。介護支援専門員は、生活相談員（支援相談員）や看護職員・介護職員と協働して、計画作成担当者として施設サービス計画の作成に中心的にかかわります。地域密着型介護老人福祉施設についても同様です。

居住施設等における介護支援専門員

特定施設入居者生活介護や認知症対応型共同生活介護にも、介護支援専門員の配置が義務づけられていて、介護支援専門員によるケアマネジメントが行われています。また、（看護）小規模多機能型居宅介護にも介護支援専門員が配置され、利用者のケアマネジメントを行っています。

介護支援専門員の登録等

保健医療・福祉の国家資格保有者および一定の相談援助業務の実務経験者は、実務経験5年以上で介護支援専門員になるための試験（介護支援専門員実務研修受講試験）を受けることができます。この試験の合格者は、87時間の研修を修了すると、都道府県知事により介護支援専門員資格登録簿に登録されます。そして、介護支援専門員証の交付を受けることにより、業務を行うことができます。

介護支援専門員証の有効期間は5年であり、更新するためには88時間の更新研修を受けなければなりません。

居宅介護支援事業者 (1)

●在宅の要介護者等のケアマネジメントを担当する事業者

　居宅介護支援事業者は、居宅要介護者からの介護サービス利用についての相談に応じて、ケアプラン（居宅サービス計画）の作成、介護保険の給付管理、居宅サービス事業者や地域密着型サービス事業者との連絡調整などの業務を行う事業者です。介護保険サービスの利用の入口から出口まで、制度の中核にあって最も重要な存在であるといえます。

　居宅介護支援は介護予防支援とともに、そのサービス利用には利用者負担がなく、費用はすべて保険給付で賄われるのが他のサービスとは異なる点です。ケアマネジメントの重要性と特殊性に鑑み、10割給付の制度が行われているものです。

居宅介護支援事業者の指定、指導監督 ————————————

　指定・指導監督の権限は、2018（平成30）年4月に都道府県知事から市町村長に移行し、市町村長は、事業所ごとに居宅介護支援事業者の指定を行います。指定の有効期間は他の事業者と同様に6年であり、6年ごとに更新を受けます。

　介護保険法では「次の各号のいずれかに該当するときは、指定をしてはならない。」として15の規定を設けていますが、主なものは次のとおりです。これは他の事業者に関するものとおおよそ同様です。また、この規定は後述の指定の取消しの事由にもなります。

- ●申請者が「法人」でないとき
- ●人員基準を満たしていないとき、運営基準に従って適正な運営ができると認められないとき
- ●申請者が、禁錮以上の刑、または介護保険法その他の保健・医療・福祉に関する法律や労働に関する法律であって政令に定めるものの規定により罰金刑に処せられてその執行が終わっていない者であるとき
- ●申請者が、社会保険料等の滞納処分を受け、かつ3か月以上滞納を続けている者であるとき
- ●申請者が、指定取消しの処分を受けて5年を経過しない者であるとき
- ●申請者が、申請前5年以内に居宅サービス等に関し不正または著しく不当な行為をした者であるとき

　市町村長には、居宅介護支援事業者に報告や帳簿の提示・提出を求め、立入検査を行う権限があります。そして、人員基準や運営基準に従った適正な運営をしていないと認めるときは、是正の「勧告」を行います。この勧告に従わなかった

ときは、従うように「命令」をし、その旨を公示する措置を行います。

　指定の取消し、期間を定めての指定の効力の全部または一部の効力停止は、勧告・命令の措置に従わなかったときのほか、次の事由などにより行われます。

- ●居宅介護サービス計画費の請求に関し不正があったとき
- ●不正の手段により指定を受けたとき
- ●更新認定の調査の委託を受けて、その結果について虚偽の報告をしたとき

人員に関する基準と事業所の形態

●介護支援専門員

　事業所ごとに１人以上の常勤の介護支援専門員を置くものとされます。その員数は、利用者の数が35人に対して１人を基準とし、増員する場合は常勤換算でよいとされます。専従の規定はなく、配置基準を満たしていれば、併設の事業所の介護職員等との兼務をすることもできます（介護保険施設の常勤・専従の介護支援専門員との兼務を除く）。

●管理者

　常勤の管理者として「主任介護支援専門員」を置かなければなりません。従来は介護支援専門員であれば管理者を務めることができましたが、2018年４月からは、主任介護支援専門員の資格が必要とされます（３年間の経過措置があり2021年３月末日までは介護支援専門員を管理者とすることができます）。

　主任介護支援専門員とは、都道府県の行う主任介護支援専門員研修（70時間）の修了者に認定される資格です。この研修を受講するには、介護支援専門員としての実務経験５年以上、またはケアマネジメントリーダー養成研修修了者でかつ専任の介護支援専門員実務経験３年以上、もしくは認定ケアマネジャーで専任の介護支援専門員実務経験３年以上などの要件があります。また、５年ごとに更新研修（46時間）も受けなければなりません。

　主任介護支援専門員には、より質の高いケアマネジメントを提供すると同時に、他の介護支援専門員へのスーパーバイザーの役割が期待されています。特定事業所加算には、複数の主任介護支援専門員の配置が要件となっています。

　管理者は常勤・専従でなければならないとされますが、その事業所の介護支援専門員の業務に従事したり、管理業務に支障がなければ同一敷地内にある他の事業所の業務に就いたりすることができます。

　事業所の形態には、単独の居宅介護支援事業所（１人で管理者と介護支援専門員を兼ねる一人事業所を含む）、同一法人の運営する介護保険施設や居宅サービス事業所・地域密着型サービス事業所に併設されたものがあります。

居宅介護支援事業者 (2)

●業務の流れと運営に関する基準

居宅介護支援の業務の流れに沿って、運営に関する基準をみていきます。

サービス提供の開始

居宅介護支援のサービス提供を開始するにあたって、利用者および家族に重要事項を記した文書を交付して説明を行い、利用申込者からの同意を得なければなりません。この同意は、書面によることが望ましいとされます。

この契約（同意）が利用者の意思に基づいて公正中立に行われることを確保するため、2018年改正で、次の説明を行うことが義務づけられました。

●利用者は、ケアプラン（居宅サービス計画）に位置づける居宅サービス事業所等について、複数の事業所の紹介を求めることができること

●利用者は、事業所をケアプランに位置づけた理由を求めることができること

これに違反した場合は、運営基準減算として50%減算の対象になります。

また、医療と介護の連携を図るため、次のことが義務づけられました。

●利用者が入院する場合に、入院先の医療機関に担当の介護支援専門員の氏名等を提供するように、利用者に依頼すること

●医療系のサービス利用について意見を求めた主治医に、ケアプランの交付・情報提供を行うこと

利用料の受領等

居宅介護支援の利用料（居宅介護サービス計画費）は10割給付ですから、通常は利用者からの金銭の受領はありませんが、通常の事業実施地域以外の場所に居住する利用者に提供する場合には要した交通費の支払いを受けることができます。その際は、あらかじめその額などについて説明し同意を得ておきます。

居宅サービス計画作成のための課題分析（アセスメント）

居宅サービス計画の作成に先立って、利用者が抱える生活上の問題点を明らかにし、解決しなければならない課題を把握します。この過程を、課題分析（アセスメント）といいます。客観的な課題分析を行うため、厚生労働省は課題分析標準項目（資料編190ページ）を示しているので、それに準拠した課題分析票を用いて行います。課題分析は、利用者が入院中など物理的な困難がある場合を除いて、利用者の居宅を訪問して利用者および家族に面接して行うのが原則です。

居宅サービス計画原案の作成

　介護支援専門員は、アセスメントで得られた利用者の課題（生活ニーズ）、利用者の意欲・能力、家族等の介護力などの情報を整理して、最も適切と思われる介護サービスの利用を計画の原案に位置づけます。

　居宅サービス計画原案は、居宅サービス計画書（第1表〜第7表）の書式を用いて作成しますが、そこには、利用者および家族の生活に対する意向、総合的な援助の方針、生活全般の解決すべき課題（生活ニーズ）、サービスの目標・達成時期、提供するサービス内容とその頻度・期間が記載されます。目標は、長期目標（期間）、短期目標（期間）に分けて計画し、援助内容（具体的なサービス内容）は短期目標に合わせて計画します。

サービス担当者会議の開催

　サービス担当者会議は、介護支援専門員が作成した居宅サービス計画原案の内容を、利用者および家族の参加を基本として、サービス担当者が一堂に会して検討し、利用者の状況や援助の方針についての理解を共有すること、サービス提供者相互の役割分担を理解することを目的として行われます。また、サービス担当者の専門的な見地からの意見を求めることも目的としています。

　介護支援専門員は、関係者が参加できるように日程の調整を行いますが、やむを得ない理由でサービス担当者等の日程の調整がつかなかった場合は、照会により意見を求めることも認められます。サービス担当者会議や照会の内容は、必ず記録に残して定められた期間（基準省令では2年間）保存しなければなりません。

　サービス担当者会議は、新規認定の場合のほか、更新認定や区分変更認定を受けた場合にも開催しなければなりません。また、利用者の状態に変化があって居宅サービス計画の変更の必要性を認めた場合にも開催します。

居宅サービス計画についての利用者の同意と交付

　サービス担当者会議を経た居宅サービス計画原案は、利用者への説明と文書による同意を得て、初めて正式の居宅サービス計画となり、利用者およびサービス担当者に交付されます。個別サービス計画の作成を義務づけられているサービス担当者は、居宅サービス計画の内容に沿って、個別サービス計画を作成します。介護支援専門員は、サービス担当者に、個別サービス計画の提出を求めるように義務づけられています。

モニタリング

　居宅サービス計画の実施状況の把握（モニタリング）は、居宅サービス計画が適切に実施されているか、援助目標が達成されているか、行われているサービスの内容が適切であるか、居宅サービス計画の変更が必要な新しい生活ニーズが利用者に生じていないかを確認するために行われるものです。

　介護支援専門員は、特段の事情のない限り、少なくとも1か月に1回、利用者の居宅を訪問し、利用者に面接してモニタリングを行わなければなりません。特段の事情とは、利用者が入院した場合など利用者側に生じたものであって、居宅介護支援事業者の側の事情でこれを怠ると、運営基準減算の対象になります。

　状態の変化が激しい利用者の場合、モニタリングの頻度は多いほどよく、介護支援専門員自身が行うほか、利用者に常時接している訪問介護員やリハビリテーション専門職からの情報をモニタリングに活かしていくことも有効な方法です。

　モニタリングの結果は、少なくとも1か月に1回記録しなければなりません。

再課題分析と居宅サービス計画の変更

　モニタリングを通じて得られた結果から、居宅サービス計画の変更を検討する必要性が生じた場合は、再課題分析を行わなければなりません。そして、居宅サービス計画原案の作成、サービス担当者会議、居宅サービス計画の実施、モニタリングという居宅介護支援の一連の過程を繰り返していきます。

給付管理

　居宅介護支援事業者は、居宅サービス計画に位置づけた「法定代理受領サービスに係る情報を記載した文書」を、毎月国保連に提出します。この文書は、居宅サービス計画書の第7表にあたり、給付管理票と呼ばれています。国保連はサービス事業者からの請求書と給付管理票との突合を行って給付管理が行われます。

居宅介護支援の終結

　居宅介護支援は、利用者の心身の状態が改善して介護サービスの利用の必要がなくなったとき、介護保険施設に入所したとき、死を迎えたときに終結することになります。また、居住系施設に入居したり、小規模多機能型居宅介護の登録者になったりしたときにも、居宅介護支援事業者の手を離れることになります。

　在宅生活が困難になった場合には、介護保険施設への紹介その他の便宜の提供を行うこととされています。

記録の整備・保存

　居宅介護支援事業者は、居宅介護支援の提供に関する次の❶〜❺の記録を整備し、その完結の日から「２年間」（基準省令）保存しなければなりません（期間は市町村によって異なり、５年間とする市町村も多い）。

❶　指定居宅サービス事業者等との連絡調整に関する記録
❷　個々の利用者ごとの「居宅介護支援台帳」
❸　利用者に関する市町村への通知に係る記録
❹　利用者およびその家族の苦情の内容等の記録
❺　居宅介護支援の提供により発生した事故の状況および事故に際して採った処置についての記録

　❷の「居宅介護支援台帳」には、居宅サービス計画、アセスメントの結果の記録、サービス担当者会議等の記録、モニタリングの結果の記録を含むものとされています。

　❸の「利用者に関する市町村への通知」とは、利用者が、正当な理由なしにサービス利用に関する指示に従わないことにより要介護状態の程度を悪化させた場合や、不正行為により保険給付を受けたり受けようとしたりした場合に、居宅介護支援事業者は市町村に通知しなければならないという規定に関するものです。

その他の運営に関する基準

● 居宅サービス計画に福祉用具貸与・特定福祉用具販売を位置づける場合は、利用の妥当性を検討し、必要な理由を記載しなければならない。
● 短期入所サービスを居宅サービス計画に位置づける場合には、利用日数が認定の有効期間のおおむね半数を超えないようにしなければならない。
● 地域ケア会議から個別のケアマネジメント事例の提供の求めがあった場合には、これに協力するように努めなければならない。
● サービス担当者会議等において利用者および家族の個人情報を用いることについて、居宅介護支援の開始時に、文書によって同意を得なければならない。
● 管理者は、介護支援専門員に対し、特定の居宅サービス事業者等によるサービスを居宅サービス計画に位置づけるよう指示してはならない。また、介護支援専門員は、利用者に対して特定のサービス事業者によるサービスを利用するように指示してはならない。
● 利用者が他の居宅介護支援事業者の利用を希望し、利用者から申出があった場合は、直近の居宅サービス計画等の書類を交付しなければならない。

居宅介護支援事業者（3）

●居宅介護支援の介護報酬のしくみと加算・減算

　居宅介護支援費は介護保険から10割が給付され、利用者負担は発生しません。介護保険制度の創設以前の措置制度から、契約を基本とする利用者本位の方式に切り替えるにあたって、利用者とサービス提供事業者の間にあって調整を行うケアマネジメントの重要性から、利用者負担なしで使えるサービスとしたものです。

利用料（介護報酬）のしくみ

　居宅介護支援費（居宅介護サービス計画費）は、要介護1または2、要介護3〜5の2区分で、1月につき算定されます。また、介護支援専門員1人の担当する利用者数35の基準を守り、無理のない適切なケアマネジメントが行われることを担保するため、事業所の介護支援専門員1人当たりの取扱件数によって3段階の評価が行われます。

● 居宅介護支援費（Ⅰ）　介護支援専門員1人当たりの取扱件数40未満
  ● 要介護1・2　　　1,053単位
  ● 要介護3〜5　　　1,368単位
● 居宅介護支援費（Ⅱ）　取扱件数40以上の場合で、40以上60未満の部分
  ● 要介護1・2　　　527単位
  ● 要介護3〜5　　　684単位
● 居宅介護支援費（Ⅲ）　取扱件数40以上の場合で、60以上の部分
  ● 要介護1・2　　　316単位
  ● 要介護3〜5　　　410単位

　つまり、1人当たりの取扱件数が40未満の場合には（Ⅰ）を適用し、取扱件数40以上の場合には、39件までは（Ⅰ）、40件以上について（Ⅱ）または（Ⅲ）の大幅に低い単位数を算定するというものです。

　居宅介護支援事業者は介護予防支援の業務の委託を受けることがありますが、その場合は、受託件数の2分の1が上記の取扱件数に算入されます。

⭐ 主な加算

特定事業所加算（Ⅰ）　1月につき500単位。専従・常勤の主任介護支援専門員を2人以上配置、専従・常勤の介護支援専門員を3人以上配置、24時間連絡体制を確保し、かつ必要に応じて利用者等の相談に対応する体制を確保、利用者総数のうち要介護3以上の者の占める割合が40％以上、利用者数が介護支援専門員

１人当たり40人未満であること、地域包括支援センター等が実施する事例検討会等に参加していることなど、12項目の高度な要件が設定されている。

特定事業所加算（Ⅱ）　１月につき400単位。専従・常勤の主任介護支援専門員を配置、専従・常勤の介護支援専門員を３人以上配置、24時間連絡体制を確保し、かつ必要に応じて利用者等の相談に対応する体制を確保、利用者数が介護支援専門員１人当たり40人未満であることなど、11項目の要件で算定。

特定事業所加算（Ⅲ）　１月につき300単位。専従・常勤の主任介護支援専門員を配置、専従・常勤の介護支援専門員を２人以上配置、その他の要件は（Ⅱ）と同じ。なお、2019年度からは、（Ⅰ）〜（Ⅲ）のいずれかを算定したうえで、医療機関との連携の回数やターミナルケアマネジメント加算の算定回数を要件とする特定事業所加算（Ⅳ）が新設される。

初回加算　１月につき300単位。居宅サービス計画を新規に作成する場合、要支援者が要介護認定を受けた場合、要介護状態区分が２区分以上変更されたときに新たに居宅サービス計画を作成する場合に算定。

退院・退所加算　在宅生活への移行に向けた医療機関や介護保険施設等との連携を促進する加算。医療機関等の職員と面談して必要な情報を得てケアプランを作成した場合に、連携の回数・退院時カンファレンスへの参加の有無に応じて450〜900単位が算定される。初回加算との併算はできない。

入院時情報連携加算（Ⅰ）（Ⅱ）　医療と介護の連携を評価する加算で、入院後３日以内に利用者に関する情報を医療機関に提供した場合に１月につき200単位（Ⅰ）、７日以内に提供した場合に100単位（Ⅱ）を算定。

小規模多機能型居宅介護事業所連携加算　担当する居宅要介護者が、小規模多機能型居宅介護の利用を開始する際に必要な情報を提供して、小規模多機能型居宅介護事業所の居宅サービス計画の作成に協力した場合に、300単位を加算。看護小規模多機能型居宅介護事業所連携加算も同様。

緊急時等居宅カンファレンス加算　病院・診療所の求めにより、医師または看護師等とともに利用者の居宅を訪問してカンファレンスを行い、サービス利用に関する調整を行った場合に、200単位を月に２回を限度に算定。

ターミナルケアマネジメント加算　１月につき400単位。末期の悪性腫瘍であって在宅で死亡した利用者について算定。24時間連絡がとれ支援を行うことができる体制を確保して、利用者・家族の同意を得たうえで、死亡日および死亡日前14日以内に２日以上居宅を訪問し、把握した利用者の状況に関する情報を記録、主治医および居宅サービス事業者へ提供することを要件とする。なお、著しい状態の変化を伴う末期がんの利用者については、主治医の助言を得

ることを前提として、状態変化の都度に行うサービス担当者会議を不要にして、ケアマネジメントのプロセスを簡素化する基準の改正が行われた。

このほか、特別地域居宅介護支援加算（15%）、中山間地域等に所在する事業所についての加算（10%）、中山間地域等に居住する利用者に通常の事業の実施地域を越えてサービスを提供した場合の加算（5%）がある。

 主な減算

● **運営基準減算**

　この減算は、居宅介護支援事業者や介護支援専門員が、居宅介護支援の運営に関する基準に掲げられた規定を遵守していない場合に行われるもので、所定単位数の50%が減算され、減算が2か月以上継続している場合には居宅介護支援費は算定されないという厳しいものです。また、特別な事情がある場合を除き、指定の取消しが検討されます。

　対象となる運営基準の規定は、次のとおりです。
- 居宅サービス計画は利用者本位で作成されるものであること等を、サービス提供開始時に説明すること
- 課題分析における留意点
- サービス担当者会議等による専門的意見の聴取
- 居宅サービス計画の説明および同意、居宅サービス計画の交付
- モニタリングの実施
- 居宅サービス計画の変更の必要性についてのサービス担当者会議等による専門的意見の聴取

これらの事項を実施したことを記録に残しておくことが必要です。

● **特定事業所集中減算**

　管理者は、居宅サービス計画の作成に関し、介護支援専門員に対して特定の居宅サービス事業者等によるサービスを位置づけるように指示してはならないとされます。また、介護支援専門員は、利用者に対して特定の事業者によるサービスを利用すべき旨の指示等を行ってはならないとされています。利用者の「囲い込み」を防止する目的のこの規定を介護報酬の算定に関して具体化したものが、特定事業所集中減算です。前6か月間に作成した居宅サービス計画に位置づけた、訪問介護、通所介護、地域密着型通所介護、福祉用具貸与について、同一の事業者によって提供されたものの占める割合が80%を超えている場合に、1月につき200単位が減算されます。日常生活圏域におけるサービス種別ごとの事業所数が5事業所未満などの場合は、「正当な理由」があるものとして減算は適用されません。

介護予防支援事業者

●要支援者対象のケアマネジメント

　介護予防支援事業者は、要支援者対象のケアマネジメントを行う事業者です。市町村長は、地域包括支援センターの設置者を指定介護予防支援事業者として指定し、介護予防支援の業務を行わせます。

　介護予防支援については、「指定介護予防支援等の事業の人員及び運営並びに指定介護予防支援等に係る介護予防のための効果的な支援の方法に関する基準」が定められています。

人員に関する基準

　介護予防支援事業所には、事業所ごとに1人以上の指定介護予防支援の提供にあたる必要な数の「保健師その他の指定介護予防支援に関する知識を有する職員（担当職員）」を置くものとされています。この担当職員は、保健師、介護支援専門員、社会福祉士、経験ある看護師、3年以上高齢者保健福祉に関する相談業務に従事した社会福祉主事のいずれかでなければなりません。これらの職員は、地域包括支援センター等の職員との兼務が認められています。

　管理者は、専従・常勤の者でなければなりませんが、地域包括支援センターの業務に従事することは認められています。

運営に関する基準

　内容および手続きの説明と同意、提供拒否の禁止、サービス提供困難時の対応、利用者の受給資格の確認、要支援認定に係る援助、身分を証する書類の携行など、サービス利用に関する基準は、居宅介護支援と基本的に同様です。利用料に関する基準も同様ですが、通常の事業の実施地域以外での交通費支払いに係る規定は置かれていません。

介護予防のための効果的な支援の方法に関する基準

　その多くは居宅介護支援の基準と同様ですが、介護予防支援に特徴的な以下の規定もあります。

●基本取扱方針として、利用者の介護予防に資するように行うとともに医療サービスとの連携に十分配慮して行うこと、介護予防の効果を最大限に発揮し利用者が生活機能の改善を実現するための適切なサービスを選択できるよう目標志向型の介護予防サービス計画を策定すること、自ら提供する介護予防

- 支援の質の評価を行い常にその改善を図らなければならないことを規定。
- 管理者は、担当職員に介護予防サービス計画の作成業務を担当させる。
- 課題分析の実施にあたっては、運動および移動、家庭生活を含む日常生活、社会参加並びに対人関係およびコミュニケーション、健康管理の各領域ごとに、支援すべき総合的な課題を把握しなければならない。
- 介護予防サービス計画原案の作成、サービス担当者会議等による専門的意見の聴取、介護予防サービス計画の説明および同意、介護予防サービス計画の交付、サービス担当者に対する個別サービス計画の提出の依頼など、居宅サービス計画の作成と同様の過程を踏む。
- 担当職員は、計画に位置づけた事業者に対し、少なくとも1か月に1回、サービスの提供状況や利用者の状態等に関する報告を聴取しなければならない。
- モニタリングの実施については、特段の事情のない限り、次のように行う。
  - サービス提供の開始月の翌月から起算して少なくとも3か月に1回、およびサービスの評価期間が終了する月、並びに利用者の状況に著しい変化があったとき、利用者の居宅を訪問して利用者に面接して行う。
  - 居宅を訪問しない月には、利用者の通う介護予防通所リハビリテーション事業所を訪問する等の方法で面接するか、電話等による連絡を実施する。
  - 少なくとも1か月に1回、モニタリングの結果を記録する。
- 介護予防支援事業者は、介護予防支援の業務の一部を居宅介護支援事業者に委託することができる。委託にあたっては、中立性・公平性を確保するため、地域包括支援センター運営協議会の議を経なければならない。委託を行った場合であっても、介護予防支援に係る責任主体はあくまでも介護予防支援事業者にあるので、介護予防サービス計画の原案の確認等の必要な業務は行わなければならない。

介護報酬のしくみ

介護予防支援の介護報酬は、要支援1・2の別はなく、一種類の設定。
- 介護予防支援費（1月につき）　430単位

なお、業務の一部を居宅介護支援事業者に委託する場合は、事業者間の契約に基づいて行います。

主な加算

初回加算　新規に介護予防サービス計画を作成する場合に、300単位加算。
介護予防小規模多機能型居宅介護事業所連携加算　居宅介護支援と同様。

第4章

高齢者介護に
関係の深い諸制度

介護や支援が必要となった高齢者には、

介護保険制度だけでは解決できない問題も多い。

障害者総合支援法、生活保護法、後期高齢者医療制度、

高齢者虐待防止法、成年後見制度など、

これらの法に基づく救済制度も理解しておきたい。

障害者福祉制度

●障害者総合支援法と介護保険制度

　障害者総合支援法の支援対象になるのは、身体障害者、知的障害者、精神障害者および難病等の患者です。この法律による支援を受けるためには、市町村に申請を行い、認定調査を経て「障害支援区分（区分1〜区分6）」の認定を受けることが必要です。障害の種別と障害支援区分によって、受給できる障害福祉サービスの内容が決まります。

　障害福祉サービスの利用者負担は、応能負担となっていますが、世帯単位の所得に応じた負担上限月額が設定され、それ以上の負担は生じないしくみとなっています。

介護保険サービスと障害福祉サービスの適用関係

　障害者としての認定を受けた人でも、40歳以上65歳未満の医療保険加入者、65歳以上の人は介護保険の被保険者となり、両方の制度の対象者となります。

　介護保険サービスと障害福祉サービスに共通する内容のサービスがある場合は、原則として介護保険サービスが優先して支給されることになっています。例えば、介護保険の「訪問介護」と障害福祉サービスの「居宅介護」「重度訪問介護」、介護保険の「通所介護」と障害福祉サービスの「生活介護」、介護保険の「短期入所生活介護」「短期入所療養介護」と障害福祉サービスの「短期入所（福祉型・医療型）」など、介護保険で必要な支援が受けられる場合は、障害福祉サービスの利用はできません。

　ただし、障害者の心身の状況やサービスを必要とする理由は多様であることから、介護保険サービス優先の適用は一律ではなく、市町村の適切な判断のもとに行われる必要があります。介護保険サービスには相当するものがない、視覚障害者に対する「同行援護」や知的障害者・精神障害者に対する「行動援護」などは、併用して利用することができます。

　また、在宅の障害者に対して市町村が必要と認めるサービス量が、介護保険の支給限度基準額を超える場合や、介護保険のサービス事業所が身近にない場合、要介護認定で非該当になった場合には、市町村の判断で障害福祉サービスの支給が可能です。

　なお、障害者総合支援法上の「障害者支援施設」など、介護保険の「適用除外施設」に入所している障害者は介護保険の被保険者とならないため、障害福祉サービスの対象となり介護保険サービスを利用することはありません。

障害福祉サービスのサービス等利用計画

　障害福祉サービスの利用者には、市町村や特定相談支援事業所に配置される「相談支援専門員」によって個別に「サービス等利用計画」が作成されますが、介護保険の被保険者である利用者については、この計画を含めて介護支援専門員が作成することになります。障害の状況が複雑なこと等により、介護支援専門員単独では作成が困難な場合は、市町村の判断により相談支援専門員が作成することもあります。

　障害者を担当する介護支援専門員は、利用者の個別性に配慮したアセスメントに基づくケアプランの作成を心がけ、介護保険サービスにはないサービスについても、利用者の意向に基づいて市町村と相談のうえでケアプランに位置づけていく必要があります。

共生型事業所

　共生型事業所とは、高齢者・障害者・児童など多様な利用者を対象に、必要な福祉サービスを1つの事業所で一体的に提供する事業所のことです。

　障害者が65歳以上になっても、それまで使いなれてきた障害福祉サービス事業所で行うサービスを利用しやすくするという趣旨で、介護保険サービス事業所としての指定も併せて受けられるように、2017年改正により指定の特例を設けたものです。逆に、介護保険のサービス事業所が、障害者対象にサービス提供を行う場合に共生型事業所の指定を受ければ、要介護認定等を受けていない障害者を対象に障害福祉サービスとしてサービスを提供することができます。中山間地域など介護や福祉の社会資源が不足している地域では、限られた人材を活用できるというメリットも期待されています。

　この制度が介護保険法に位置づけられることになったのは、「我が事・丸ごと」をスローガンに「地域共生社会」の実現を図るという政策の一環として、地域包括ケアシステムの構築に寄与するものとされたためです。

　共生型事業所で行われるサービスは、主に次の3つであり、それぞれについて基準・報酬が定められています。

- ●共生型生活介護（デイサービス）
- ●共生型居宅介護・共生型重度訪問介護（ホームヘルプサービス）
- ●共生型短期入所（ショートステイ）

　それ以外のサービスであっても、障害福祉と介護保険の両方の基準を満たしたものは「共生型サービス」と称することができます。

生活保護制度

●生活保護法と介護保険制度

　生活保護制度は、憲法に規定する「生存権の保障」の理念に基づき、最低限度の生活を保障するとともに自立を助長することを目的とした制度です。生活保護を受給する高齢者は増加する傾向にあり、介護支援専門員や介護サービス事業に従事する者にとって、関わることの多い社会保障制度の１つです。

　生活保護制度では、被保護者の日常生活を支えるための「生活扶助」のほか、教育扶助、住宅扶助、医療扶助、介護扶助、出産扶助、生業扶助、葬祭扶助という８種の扶助が行われます。

介護保険の被保険者資格と保険料の納付

　65歳以上の人は、生活保護の被保護者であっても第１号被保険者となり、介護保険の保険料を納付する義務を負っています。被保護者の保険料の額は、保険料の標準段階のうちの第１段階になるので、市町村の基準額×0.45で算定されます（消費税引き上げ時には0.3となる予定）。この費用は、生活保護費のうちの「生活扶助」に介護保険料加算が行われ、保険料納付に充てることになっています。保険料の納付は、月額１万５千円以上の老齢基礎年金等の受給者は年金からの特別徴収、それ以外は普通徴収により行うのが原則ですが、保護の目的を達するため（他の費用に使われて滞納にならないように）、福祉事務所から市町村に直接納付することも行われています。

　40歳以上65歳未満の被保護者は国民健康保険の被保険者から除外され、ほとんどの場合、医療保険加入者とはならないため、介護保険の第２号被保険者となりません。そのため、介護保険の保険料の納付義務はありません。

介護扶助の概要

　８種の扶助のうち、介護保険制度と関わりの深い「介護扶助」について述べていきます。

　介護扶助の対象者は、次のとおりです。

- ●介護保険の第１号被保険者
- ●介護保険の第２号被保険者であって、特定疾病により要介護・要支援の状態にある者
- ●医療保険未加入のため第２号被保険者になれない40歳以上65歳未満の者であって、特定疾病により要介護・要支援の状態にある者

生活保護法に定められた介護扶助の範囲は、介護保険法で給付を受けられる介護サービス・介護予防サービスと対応していますが、交通費の支弁が困難な被保護者の状況から、介護保険給付にはない「移送」が加えられています。

　介護扶助の給付は、原則として現物給付の形で行われます。これは、提供する介護サービスそのものを保障することが重要であるためです。ただし、住宅改修費や福祉用具購入費など現物給付になじまないものは、金銭給付で行われることになります。

　なお、被保護者が介護費用を一定程度支払う能力がある場合は、支払い可能な額を本人から事業者・施設に支払い、残る不足分を介護扶助から給付することになります。

介護扶助の給付

　介護保険の被保険者である被保護者の場合は、介護保険の給付が優先して行われ、介護扶助は1割の利用者負担分について行われます。被保険者とならない被保護者の場合は、障害者施策などの他法による施策を優先して活用したうえで、介護サービスに要する費用の全額が介護扶助として給付されます。

❶ 被保険者の場合

● 居宅サービス

● 施設サービス

※日常生活に必要な費用は生活扶助により支給する。

❷ 被保険者以外の者の場合

● 居宅サービス

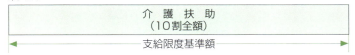

● 施設サービス

※日常生活に必要な費用は被保険者の場合と同様。

生活保護制度は「健康で文化的な最低限度の生活を保障する制度」であることから、サービス利用が支給限度基準額を上回る場合など最低限度の生活にふさわしくないものは、介護扶助の対象になりません。

要介護認定等および居宅介護支援計画等の作成

介護保険の被保険者である被保護者は、一般の被保険者と同様に要介護認定等を受けることが介護扶助を受ける前提となり、要介護等状態区分に応じたサービスを受け介護扶助を受けることになります。

被保険者以外の者については、介護扶助の要否判定の手続きの一環として、要介護認定等を生活保護制度で独自に行うこととしていますが、市町村福祉事務所では、その市町村の設置する介護認定審査会に認定事務を委託して、一般の被保険者と同一の基準で認定が行われます。

また、被保険者については、居宅介護に係る介護扶助の申請は「居宅介護支援計画等の写し」を添付して行うものとされています。これは、原則として居宅介護支援事業者が作成した居宅サービス計画であることが必要です。

被保険者以外の者が介護扶助の新規申請を行う場合、居宅介護支援計画等の写しを添付することは必要とされていません。この場合は、当初から介護扶助として、居宅介護支援事業者または介護予防支援事業者（地域包括支援センター）に委託して、ケアマネジメントを行います。

指定介護機関によるサービスの提供

介護扶助による給付は、介護サービスの適正な提供を確保するため、介護保険法の指定を受け、かつ生活保護法の指定を受けた事業者・施設（指定介護機関）に委託して行われます。

2014（平成26）年7月以降に介護保険法の指定を受けた事業所・施設は、生活保護法の指定があったものとみなされるため、指定の申請の必要はありません。

ケアマネジメントを担当する居宅介護支援事業者・介護予防支援事業者、介護サービスを提供する事業者・施設には、福祉事務所から毎月「介護券」が送付されます。介護券は、介護保険の被保険者証に相当するもので、これに基づいて事業者・施設は被保護者に対するサービスの提供を行います。

被保護者についての介護報酬の請求は、一般の利用者の場合と同様に、国保連に対して行い、国保連の審査を経たうえで国保連から支払いが行われます。

後期高齢者医療制度

● 75歳以上の高齢者を主な対象とする医療保険制度

　後期高齢者医療制度は、「高齢者の医療の確保に関する法律」に基づき、2008（平成20）年4月から実施されています。この制度の被保険者になるのは、75歳以上の者および65歳以上75歳未満であって寝たきり等の状態になって障害認定を受けた者です。

　この制度の運営主体（保険者）は、都道府県ごとにすべての市町村・特別区が加入して設立された「後期高齢者医療広域連合」です。ただし、保険料の徴収、被保険者資格の管理、医療給付に関する届出の受理などの事務は、市町村が行います。

■後期高齢者医療制度のしくみ

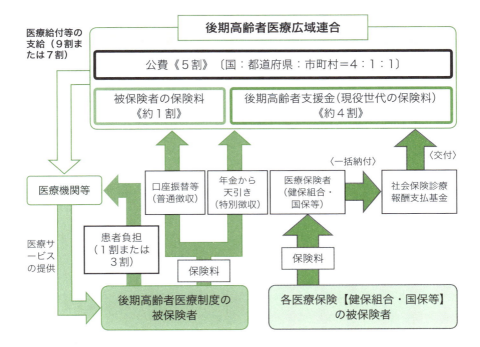

制度の運営に要する費用の負担

　運営に要する費用の5割は公費（税金）で賄われ、国・都道府県・市町村が4：1：1で負担します。全体の1割を被保険者の保険料、4割を現役世代（公的医療保険の加入者）の後期高齢者支援金で賄うしくみになっています。

被保険者の負担する保険料

　保険料の料率は、広域連合が2年ごとに条例に定めます。その算定・賦課は、被保険者一人ひとりを単位として、均等割（頭割・定額）と所得割（応能割・定率）が50：50の割合で行われます。例えば、均等割額43,300円、所得割率8.8％と定められた広域連合において、公的年金等収入250万円の人の場合、次の計算式により年間の保険料が算定されます。

　　所得割額＝（公的年金等収入250万円－公的年金控除120万円－基礎控除33万円）
　　　　　　　×8.8％＝85,360円
　　保険料（年額）＝均等割額43,300円＋所得割額85,360円
　　　　　　　　　＝128,600円（100円未満切捨て）

　低所得者については、均等割の9割、8.5割、5割、2割を軽減する制度があります。

　保険料の納付は、年額18万円以上の年金を受給している者については、介護保険料と同様に年金から天引きする特別徴収で行われます。前年の所得が把握されない年度の前半は仮徴収で行い、年度の後半で調整するのは、介護保険料の賦課・徴収と同様です。

保険給付の内容

　後期高齢者医療制度の保険給付には、療養の給付、入院時食事療養費、入院時生活療養費、保険外併用療養費、療養費、訪問看護療養費、特別療養費、移送費、高額療養費、高額介護合算療養費のほか、条例で定める給付があります。その内容は、条例で定める給付を除けばおおむね医療保険の給付と同様ですが、診療報酬の体系は後期高齢の特性に合わせたものとなっています。

患者の一部負担

　患者の一部負担（窓口負担）は、原則として1割ですが、現役並み所得者は3割負担となります。現役並み所得者とは、同一世帯の被保険者のうちに課税所得が145万円以上の者が1人でもいる世帯の被保険者です。ただし、収入額が520万円（世帯に他の被保険者がいない場合は383万円）に満たない場合は、広域連合に届出を行うことによって、3割負担になりません。

　この負担割合は、前年の所得を市町村が把握することによって行われますので、負担割合が記載された被保険者証は、毎年8月1日に更新され被保険者に送付されます。

高齢者虐待の防止

● 高齢者虐待防止法と介護保険サービス

　高齢者の権利擁護に資するため、「高齢者虐待の防止、高齢者の養護者に対する支援等に関する法律」（高齢者虐待防止法）が、2006（平成18）年4月から施行されています。この法律では、高齢者虐待を、養護者（高齢者を現に養護する家族・親族等）によるもの、養介護施設従事者等によるものに分けて定義しています。

高齢者虐待とされる行為

　養護者によるもの、養介護施設従事者等によるものともに、次の行為を高齢者虐待としています。

- **身体的虐待**　高齢者の身体に外傷が生じ、または生じるおそれのある暴力を加えること。
- **ネグレクト（介護等放棄）**　高齢者を衰弱させるような著しい減食、長時間の放置、養護者以外の同居人による虐待行為の放置など、養護を著しく怠ること。
- **心理的虐待**　高齢者に対する著しい暴言、または著しく拒絶的な対応その他の高齢者に著しい心理的外傷を与える言動を行うこと。
- **性的虐待**　高齢者にわいせつな行為をすること、または高齢者をしてわいせつな行為をさせること。
- **経済的虐待**　高齢者の財産を不当に処分することその他高齢者から不当に財産上の利益を得ること。

　厚生労働省の行う調査によると、虐待の内容では、養護者によるもの、養介護施設従事者等によるものともに、身体的虐待が最も多く、次いで心理的虐待、ネグレクト、経済的虐待の順となっています。

高齢者虐待に対する対応

● 養護者による高齢者虐待への対応

　高齢者虐待を発見した者には、高齢者の生命または身体に重大な危険が生じている場合は、市町村に通報する義務が課せられ、それ以外の場合には通報するよう努めなければならないとされています。相談・通報を受けた市町村は、事実確認を行い、生命または身体に重大な危険が生じていると認められる高齢者を一時的に保護するため施設に入所させる等の措置を行います。この場合に

第4章　高齢者介護に関係の深い諸制度

は立入調査を行うため、所管の警察署長に援助を求めることができます。

　養護者による虐待の相談・通報者は、介護支援専門員が最も多く、次いで警察、家族・親族となっています。高齢者虐待の早期発見において介護支援専門員が重要な役割を果たしていることがみてとれます。

● **施設等の職員による高齢者虐待への対応**

　施設等の職員が、自身の働いている施設等で高齢者虐待を発見した場合は、市町村に通報する義務が課せられています。そのほかの場合では、生命または身体に重大な危険が生じている場合は通報義務が、それ以外の場合には努力義務が課せられています。

　市町村は、通報を受けた場合は、その旨を都道府県に報告するものとされています。通報を受けた市町村長または報告を受けた都道府県知事は、適切に、老人福祉法または介護保険法の規定による監督権限を行使します。

　なお、市町村は、養護者による高齢者虐待の防止等の適切な実施のため、地域包括支援センター等との連携協力体制を整備しなければならないとされています。市町村は、地域包括支援センターに、相談・指導・助言、通報の受理、事実確認のための措置、養護者に対する支援の事務を委託して行うことができます。

身体拘束の禁止

　介護保険施設等の運営基準では、「入所者又は他の入所者等の生命又は身体を保護するため緊急やむを得ない場合」を除き、身体拘束を行ってはならないと規定しています。「緊急やむを得ない場合」として認められるのは、次の３つの要件をすべて満たす場合です。

- **切迫性**　本人または他の利用者の生命・身体が危険にさらされる可能性が著しく高い場合。
- **非代替性**　身体拘束以外に代替する介護方法がないこと。
- **一時性**　身体拘束は一時的なものであること。

　事業者・施設には、緊急やむを得ないとして身体拘束を行う場合に、その内容・理由・時間・期間など身体拘束に関する記録の作成が義務づけられています。2018年の介護保険施設・居住系施設の介護報酬の改定では、記録の作成のほか、身体拘束適正化のための委員会を３か月に１回以上開催すること、指針を作成すること、従事者への定期的な研修を実施することの３要件が加えられ、これに違反すると「身体拘束廃止未実施減算」が行われます。従来５単位/日であったこの減算は、2018年４月からは、10％/日として入所者全員に適用する厳しいものになりました。

成年後見制度

● 高齢者・障害者の権利擁護の中核をなす制度

成年後見制度は、民法の禁治産・準禁治産制度を102年ぶりに改正し、介護保険法の施行と同時の2000（平成12）年4月から施行されたものです。

成年後見制度は、認知症、知的障害、精神障害などにより判断能力が不十分であるために、意思決定が困難な者の判断能力を成年後見人等が補っていくものです。

成年後見人の職務は、主に被後見人の「財産管理」と「身上監護」です。身上監護とは、例えば、介護保険サービスの利用契約や施設入所契約の手続きなどを本人に代わって行うことです。

成年後見制度には、法定後見制度と任意後見制度があります。

法定後見制度

法定後見制度は、本人または四親等内の親族等の「後見開始の申立て」に基づいて、家庭裁判所が成年後見人等を職権で選任する制度です（特に必要がある場合には市町村長も後見開始の申立てができます）。

法定後見は、本人の判断能力の程度に応じて、3つの類型に分かれます。

● 後見類型

後見類型の対象となる人は、精神上の障害により「判断能力を欠く常況」にある人とされています。つまり、誰かに代わってもらわなければ自分の財産の管理・処分や、日常の買い物等もできない程度に判断能力が欠けている人です。

この場合には、成年後見人が選任されます。成年後見人には「代理権」が与えられ、預金の管理や財産の売買、さまざまな契約や手続き等を本人に代わって行うことができます。ただし、本人の居住用の不動産の処分は、家庭裁判所の許可が必要とされています。

また、本人が自ら行った契約等については、本人にとって不利益なものは取り消すことができます。

● 保佐類型

保佐類型の対象となる人は、精神上の障害により「判断能力が著しく不十分」な人とされています。つまり、日常的な買い物などはできても、重要な財産行為などは誰かの援助が必要で、自分一人ではできない程度の判断能力の人です。

この場合には、保佐人が選任されます。保佐人には、本人が行おうとしている一定の行為（9つの行為が具体的に規定されています）について同意を与える権限（同意権）が与えられています。本人が保佐人の同意を得ずにした契約などについては、本人にとって不利益なものは原則として取り消すことができます。

また、本人の同意のもと、保佐人等の請求により、家庭裁判所が審判を行い、保佐人に特定の事項についての代理権を与えることができます。

● **補助類型**

補助類型の対象となる人は、精神上の障害により「判断能力が不十分」な人とされています。軽度の認知症の人や軽度の知的障害・精神障害の人が該当します。

この場合には、補助人が選任されます。補助人には、本人の同意のもと、補助人等の請求により、家庭裁判所が審判を行い、同意権や代理権を与えることができますが、同意権の範囲は、保佐人より限定されたものになります。

任意後見制度

任意後見制度とは、判断能力が不十分になったときのために、後見人になってくれる人と後見事務の内容を、あらかじめ契約によって定めておく制度です。

任意後見制度を利用したい人は、任意後見人になってくれる人と「公正証書」によって任意後見契約を交わします。公正証書以外の方式で契約しても、任意後見契約として使用することはできません。この契約は、公証人の申請によって法務局に後見登記が行われます。

本人の判断能力が不十分になったとき、家庭裁判所に「任意後見監督人」の選任を申し立て、任意後見が開始されます。任意後見監督人は、任意後見人に不正等がないように監督する事務を行います。

成年後見人等の担い手

後見の社会化が進展して、旧法のもとで行われた禁治産宣告・準禁治産宣告の年間の申立て件数が3,000件程度であったのに比して、成年後見制度の申立ては、2015（平成27）年に35,000件に迫るほど活発化しています。

成年後見制度の施行時には成年後見人等の担い手として8割強を占めていた「親族後見人」は徐々に減少して2015年以降は3割を切るようになっています。後見人の社会化が進められ、司法書士・弁護士・社会福祉士等の「専門職後見人」が選任されていますが、近い将来の担い手不足が懸念されています。そこで、第三の後見人として「市民後見人」の育成・活用が図られています。

日常生活自立支援事業

● 社会福祉協議会が行う福祉サービス利用援助事業

　日常生活を送るうえでの判断能力に不安がある人を対象に、都道府県・指定都市社会福祉協議会が実施主体となり、市町村社会福祉協議会と協力して行う、福祉サービスの利用を援助するための事業です。

日常生活自立支援事業の対象者

　この事業を利用できるのは、次の2つの要件を満たす人です。

● 判断能力が不十分であるために、日常生活を営むのに必要なサービスを利用するための情報の入手、理解、判断、意思表示を適切に行うことが困難であること

● 日常生活自立支援事業の利用契約を締結する能力を有すること

　契約締結能力の有無は「契約締結判定ガイドライン」に基づき判定しますが、判断が難しい場合は、医療・福祉・法律の専門家からなる「契約締結審査会」で審査されます。

日常生活自立支援事業の実施体制

　都道府県・指定都市社会福祉協議会が実施主体となり、事業の一部を市町村社会福祉協議会に委託して行います。委託を受けた市町村社会福祉協議会は、基幹的社会福祉協議会と呼ばれ、必要に応じて近隣の市町村エリアも対象に事業を行います。

　なお、基幹的社会福祉協議会による事業の実施体制がとれない市町村では、都道府県・指定都市社会福祉協議会が、直接利用者と契約を締結して、援助を行うことになります。

　都道府県・指定都市社会福祉協議会には、前述の契約締結審査会、運営適正化委員会、関係機関連絡会議が置かれ、基幹的社会福祉協議会への援助、指導・監督を行うとともに、事業の信頼性や的確性の確保に努めます。

　基幹的社会福祉協議会には、「専門員」と「生活支援員」が配置されています。

　専門員は、初期相談から支援計画の策定、利用契約の締結までを行う常勤職員で、原則として高齢者や障害者等への援助経験のある社会福祉士、精神保健福祉士等が充てられます。

　生活支援員は、支援計画に基づき具体的な支援を行う職員で、非常勤職員が中心となっています。

第4章　高齢者介護に関係の深い諸制度

具体的な支援内容と方法

❶ 福祉サービスの利用援助

　介護保険サービスなどの高齢者福祉サービス、障害者総合支援法による障害福祉サービスの利用に関して、利用の申込みや契約の代行、福祉サービスについての苦情解決制度を利用する手続き、住宅改造・居住家屋の賃借・行政手続きに関する援助、福祉サービスの利用料を支払う手続き等を行います。

❷ 日常的金銭管理サービス

　年金および福祉手当の受領に必要な手続き、医療費・税金・社会保険料・公共料金を支払う手続き、日用品等の代金を支払う手続き、それらの支払いに伴う預金の払戻し・預入れ・解約の手続き等を行います。

❸ 書類等の預かりサービス

　年金証書・預貯金の通帳・権利証・保険証書・実印や銀行印等の預かりを行います。ただし、宝石・貴金属等の預かりは行いません。

　援助の方法は、相談・助言・情報提供を基本とし、必要に応じて上記の具体的な支援を行います。また、生活支援員は、定期的な訪問により生活変化の察知に努めるようにします。

　なお、サービス提供には利用料が発生します。平均的な利用料は、援助活動1回当たり1,000〜1,500円程度です。生活保護受給者については、公的補助があり無料です。

介護保険サービスの利用における援助

　介護保険制度は、利用者自らの選択によってサービス利用が行われることを基本としていますが、提供される情報の理解力、判断力が不十分なためサービスの選択から契約に至る過程で適切な援助を必要とする人もみられます。

　利用者の日常の生活状況をよく知る生活支援員は、介護保険サービスの利用に関して、さまざまな援助を行うことができます。認定調査に立ち合って認定調査員に本人の状況を正しく伝えたり、介護支援専門員が行うアセスメントや居宅サービス計画作成の一連の手続きに立ち合って、本人の状況を正しく介護支援専門員に伝えたりする援助もできます。

　介護支援専門員は、日常生活を営むのに必要な判断能力が不十分な人を支援の対象にするときに、日常生活自立支援事業の活用を勧めてみるのも1つの方法でしょう。

第5章

居宅サービス・地域密着型サービスの種類とその内容

在宅の人が利用する居宅サービス・介護予防サービス、

市町村の住民に限って利用できる地域密着型（介護予防）サービス。

その種類ごとに、提供する事業者の守らなければならない基準や

利用料（介護報酬）のしくみを理解する。

介護報酬の加算と減算の規定を通じて、

どのようなサービスが事業者に求められているのか、

どのようなサービスの欠如が減算の対象になるのか、

そのおおよそをつかむことができる。

訪問介護 (1)

● 福祉系の居宅サービス　● 要介護1～5の人が対象

　訪問介護は、訪問介護員が利用者の居宅（有料老人ホームなどの居室を含む）を訪問して、入浴・排泄・食事などの介護や日常生活上の世話を行うサービスです。要介護1～5の人が対象であり、要支援者対象の訪問介護は予防給付から外されましたので、要支援1・2の人は、地域支援事業で行われる訪問型サービスを利用することになります。

　サービスの内容は、次の3つに分けられています。

● **身体介護**　食事・排泄・衣服の着脱・入浴または清拭・移動などの介助、通院や買い物などの介助

● **生活援助**　掃除・洗濯・調理・買い物・薬の受取りなど、利用者に代わって行う日常生活上の援助

● **通院等のための乗車または降車の介助**　訪問介護員の運転する車で通院する際の乗車・降車の介助

利用にあたって注意しなければならないこと

❶　利用者に代わって行う家事は生活援助ですが、利用者の生活意欲やADL（日常生活動作）などの向上のために利用者とともに行う家事は、身体介護とみなすことができ、身体介護の介護報酬の対象になります。

❷　嚥下困難者のためのとろみ食や糖尿食など、専門的知識・技術をもって行う調理は、身体介護とみなされます。

❸　生活援助と身体介護を混ぜて行う場合は、それぞれに要する時間を厳密に分けるのではなく、どちらに比重が置かれるかによって、生活援助中心型と身体介護中心型に分けます。

❹　生活援助中心型のサービスを利用できるのは、利用者が単身であり家事を行うことが困難な場合、あるいは家族と同居していても家族が病気や障害で家事を行うことができない場合に限られます。介護支援専門員は、生活援助が必要な理由を居宅サービス計画に記載し、認められなければなりません。

❺　生活援助では、保険給付の対象にならない家事が、不適正事例として示されています（次ページ参照）。利用者や家族は、訪問介護員にそのような生活援助を求めてはなりません。

112

生活援助の不適正事例

次の❶～❸に該当するサービスの提供を、介護保険の訪問介護に求めてはなりません。これらは、保険外で全額利用者負担で行われるべきものです。

❶ **主として家族の利便に供する行為、または家族が行うことが適切であると判断される行為**
- 利用者以外の者のために行う家事
- 主に利用者が使用する居室等以外の掃除
- 来客の応接、自家用車の洗車・清掃など

❷ **訪問介護員が行わなくても日常生活を営むのに支障がないと判断される行為**
- 草むしり、花木の水やり、犬の散歩などペットの世話

❸ **日常的に行われる家事の範囲を超える行為**
- 家具・電気器具等の移動、修繕、模様替え
- 大掃除、窓のガラス磨き、床のワックスがけ
- 家屋の修理やペンキ塗り、植木の剪定などの園芸
- 正月などのために特別な手間をかけて行う調理など

訪問介護員が行うことのできる「医療行為でないもの」

介護職員は医療行為をしてはならないとされています。たとえば、インシュリンの自己注射や装着した医療器具の管理など、訓練を受けた家族が行うことはできますが、介護職員が行うことは許されていません。しかし、次の行為は「医療行為でないもの」とされ、訪問介護で行うことが認められています。
- 体温測定・血圧測定、パルスオキシメータの装着
- 軽微な切り傷・擦り傷・やけどなどの処置
- 軟膏の塗布、湿布の貼付、点眼薬の点眼、一包化された薬の内服、座薬の挿入など、一定の条件下での医薬品の使用介助
- つめ切り、口腔清掃、耳垢除去など

喀痰の吸引、経管栄養の処置

これらは明らかに医療行為（診療の補助）であり、医師や看護職員にしか認められていない行為でしたが、一定の研修を受けて認定された介護職員および介護福祉士（2017年1月以降の国家試験合格者）が行うことができるようになり、これらの従業者を配置して登録した事業者によって行われます。

第5章 居宅サービス・地域密着型サービスの種類とその内容

訪問介護（2）

●人員・運営に関する基準　●利用料（介護報酬）のしくみ

人員に関する基準

　人員に関する基準には、訪問介護員、サービス提供責任者、管理者についての配置基準が定められています。

●訪問介護員

　事業所に配置されサービスを提供する訪問介護員は、介護福祉士、実務者研修修了者または初任者研修修了者などの専門職です。一般には、ホームヘルパーと呼ばれています。事業所には、常勤換算で2.5人以上の配置が必要です。

●サービス提供責任者

　利用者の数が40またはその端数を増すごとに1人以上の者が配置されます。利用者ごとの訪問介護計画の作成・変更、利用者・家族への説明、利用申込みの調整、サービス内容の管理、訪問介護員への指導などがその職務です。

運営に関する基準

　運営に関する基準には、居宅サービスに共通する規定のほか、次のような規定があります。

- ●身体介護と生活援助を、利用者のニーズに応じて偏りなく総合的に提供しなければならない。
- ●訪問介護員の同居家族である利用者に対してサービスを提供してはならない。

利用料（介護報酬）のしくみ

❶　訪問介護の基本サービス費は、㋑身体介護が中心である場合、㋺生活援助が中心である場合、㋩通院等のための乗車または降車の介助が中心である場合の3区分に設定されています。

❷　利用者の要介護度による差はなく、上記㋑、㋺については所要時間当たりの単価、㋩については1回当たりの単価で算定されます。

❸　排泄の介助など頻回の巡回型介護が必要な身体介護には、20分未満のサービス提供が認められていますが、生活援助にはこの設定はありません。

❹　夜間（午後6時～午後10時）および早朝（午前6時～午前8時）のサービス提供には25％の加算、深夜（午後10時～午前6時）のサービス提供には50％が加算されます。

訪問介護の基本サービス費

イ 身体介護が中心である場合

(1)	所要時間20分未満	165単位
(2)	所要時間20分以上30分未満	248単位
(3)	所要時間30分以上1時間未満	394単位
(4)	所要時間1時間以上	575単位に1時間から計算して30分を増すごとに83単位を加算

ロ 生活援助が中心である場合

(1)	所要時間20分以上45分未満	181単位
(2)	所要時間45分以上	223単位

ハ 通院等のための乗車または降車の介助が中心である場合　　98単位

主な加算

初回加算　新規利用者について、サービス提供責任者が自らサービスを提供、または他の訪問介護員に同行してサービスを提供することを要件に、1月につき200単位を算定。

生活機能向上連携加算　訪問・通所リハビリテーション事業所や医療提供施設の理学療法士等が利用者の居宅を訪問する際に、サービス提供責任者が同行し、利用者の状況を共同で評価したうえで訪問介護計画を作成してサービス提供した場合などの要件で、1月につき算定。

特定事業所加算　別に定める基準を満たした事業所の行う良質のサービスに、1回につき5％～20％の加算を行う。

介護職員処遇改善加算　介護職員の処遇改善を図るために設けられたものであり、「介護職員処遇改善計画書」により申請した事業所に対して、その内容によって介護職員1人当たり月額37,000円相当（加算Ⅰ）～月額12,000円相当（加算Ⅴ）の5段階の交付が行われる。事業所はこの交付金を原資に賃金改善を行う。介護報酬に反映される加算は、1月当たりの総単位数に5段階の加算率（訪問介護では13.7％～約4.4％）を乗じた単位数で算定。

主な減算

同一建物減算　事業所と同一建物または同一敷地内もしくは隣接した敷地内の建物に居住する利用者に対するサービス提供には、10％の減算（1月の利用者が50人以上の場合は15％）を行う。離れた場所にある建物であっても、1月当たりの利用者が20人以上ある場合は10％減算。

訪問入浴介護

●福祉系の居宅サービス・介護予防サービス　●要介護1〜5、要支援1・2の人が対象

　訪問入浴介護は、入浴が困難な在宅の利用者に、居宅を訪問して浴槽と浴槽水を提供して入浴の介助を行うサービスです。

　在宅の利用者に介護保険で行われる類似の入浴介護サービスには、利用者の居宅の浴槽を利用して訪問介護で行われる入浴介助や、通所介護・通所リハビリテーションで行う施設入浴がありますが、これらの利用が困難な人を対象に行われるサービスです。

●訪問入浴介護の利用者

　訪問入浴介護の利用者には寝たきりなど要介護度の高い人が多く、2016（平成28）年の介護サービス施設・事業所調査では、利用者の49.6％を要介護5の人が占め、要介護4が25.9％、要介護3が12.3％となっています。要支援1・2の人が利用できる介護予防訪問入浴介護もありますが、その利用は非常に少ない状況です。

●利用に際しての注意

　訪問入浴介護の利用者は何らかの疾病をもつ人が多いので、事業者は、事前に、入浴に際して注意しなければならないことについて、主治医の指示を仰いでおく必要があります。

　利用者が経管栄養やストーマなどの医療処置を受けている場合であっても、病態が安定していれば、ほとんどの場合入浴は可能です。この場合には、注意しなければならない点について主治医から事前に十分な説明を受けておきます。また、利用者が感染症にかかっている場合でも、適切な感染予防策を行うことで、訪問入浴介護の利用は可能です。

●訪問入浴介護の提供

　訪問入浴介護の提供にあたる看護職員および介護職員は、事前に利用者の居宅を訪問して、利用者のADL（日常生活動作）、全身状態、健康状態の観察を行い、浴槽の搬入方法や利用者の移動の方法を確認しておきます。

　訪問入浴介護の提供は、看護職員1人、介護職員2人の合計3人で行うのが原則です（要支援者を対象とする介護予防訪問入浴介護では、看護職員1人、介護職員1人の合計2人）。利用者の身体状況に支障を生じるおそれがないと認められるときは、主治医の意見を確認したうえで、看護職員に代えて介護職員を充てることも認められています（この場合には、介護報酬の減算が行われます）。

人員・設備・運営に関する基準

❶ 事業所には、従業者として看護職員（看護師または准看護師）を１人以上、介護職員を２人以上配置するものとされています。この従業者のうち１人は常勤でなければなりません。

❷ 事業所には必要な広さの専用の区画を設け、浴槽等の設備・備品を備えるものとされています。訪問入浴介護事業所は、入所施設や通所施設に併設されていることが多いので、このような設備基準になっています。

❸ 利用料のほかに、利用者の選定により、通常の事業の実施地域以外の地域にある居宅で行う場合の交通費、特別な浴槽水の提供に係る費用は支払いを受けることができます。この場合には、事前に利用者に説明して同意を得ておくことが必要です。

❹ 利用者の身体に直接触れる設備・器具等は、利用者１人ごとに消毒したものを使用し、使用後は洗浄・消毒を行います。

利用料（介護報酬）のしくみ

訪問入浴介護費、介護予防訪問入浴介護費は、利用者の要介護度や提供時間による別はなく、１回につき定額で定められています。

訪問入浴介護費	1,250単位
介護予防訪問入浴介護費	845単位

＊介護職員３人（介護予防訪問入浴介護では２人）でサービス提供を行った場合は、上記の95％の単位数を算定。

＊訪問時の利用者の心身の状況等により、全身入浴から清拭または部分浴に変更して実施した場合は、上記の70％の単位数を算定。

主な加算

特別地域加算　厚生労働大臣が定める離島等の地域に所在する事業者がサービスを提供する場合には、基本サービス費に15％の加算を行う。この特別地域加算は、訪問介護、訪問看護、定期巡回・随時対応型訪問介護看護、居宅介護支援、福祉用具貸与などでも行う。

主な減算

同一建物減算　訪問介護など訪問系のサービスに共通する減算（前項を参照）。

訪問看護

●医療系の居宅サービス・介護予防サービス

訪問看護は、主治医によって訪問看護が必要だと認められた利用者を対象に、看護職員（看護師・准看護師・保健師）またはリハビリテーション専門職（理学療法士・作業療法士・言語聴覚士）が、利用者の居宅を訪問して行う療養上の世話または必要な診療の補助と定義されています。訪問看護の提供内容の上位には、病状観察、本人に対する療養指導、家族等に対する介護指導・支援、身体の清潔保持の管理・援助などがあります。

介護保険利用の訪問看護を提供できるのは、指定訪問看護ステーションまたは病院・診療所である指定訪問看護事業所です。

訪問看護と医師の指示

訪問看護を提供するには、文書による医師の指示が必要です。この文書は、**訪問看護指示書**と呼ばれます。訪問看護事業所が保険医療機関である病院・診療所の場合には、診療録や診療記録への指示内容の記載でもよいとされています。

居宅介護支援事業所の介護支援専門員が、居宅サービス計画に訪問看護を取り入れるには、主治医による指示を受けなければなりません。これは、医療系のサービスを利用するにあたっての共通のルールです。

看護師等（准看護師を除く）は、医師の指示に基づいて**訪問看護計画書**を作成します。また、提供した看護内容などを記載した**訪問看護報告書**を作成して、主治医に提出しなければなりません。病院・診療所の場合は、訪問看護計画書や訪問看護報告書も、診療録・診療記録への記載で代用できるとされています。

訪問看護ステーション

指定訪問看護ステーションは、複数の看護職員および理学療法士等のリハビリテーション専門職を配置して訪問看護を提供する事業所です。介護保険の訪問看護を行う病院・診療所が減少しているのに比べて、訪問看護ステーションの事業所数は、近年著しい伸びをみせています。24時間利用者と連絡がとれる体制を整えて、緊急時訪問看護加算の届出を行い、緊急時訪問を必要に応じて行う事業所がほとんどを占めています。

利用者宅から近い場所から、より効率的にサービスを提供するサテライト事業所を主たる事業所と含めて指定することも行われています。

介護保険適用の訪問看護と医療保険適用の訪問看護

　訪問看護には、介護保険から給付されるものと、医療保険から給付されるものがあります。原則として、要支援者・要介護者の認定を受けた利用者への訪問看護は、介護保険から給付されることになっていますが、以下のような例外があります。

- 主治医から**特別訪問看護指示書**が交付された場合の訪問看護は、医療保険の適用になります。特別訪問看護指示書が交付されるのは、急性増悪等により一時的に頻回（週4日以上）の訪問看護を行う必要性がある場合で、14日間に限り毎日、訪問看護を提供できます。なお、気管カニューレを使用している利用者、真皮を超える褥瘡の状態にある利用者に対しては、特別訪問看護指示書を月2回交付（期間28日間）できるとされています。
- 特掲診療料・別表第7に定められた疾患の利用者に対する訪問看護は、医療保険が適用されます。ここには、末期の悪性腫瘍・パーキンソン病関連疾患・筋萎縮性側索硬化症など20の疾病が指定されています。
- 特掲診療料・別表第8に定められた状態にある利用者に対する訪問看護は、医療保険が適用されます。ここには、在宅自己腹膜灌流法、在宅酸素療法、在宅中心静脈栄養法などの指導管理料の算定を受けている利用者などが指定されています。
- 認知症以外の精神疾患の訪問看護は、医療保険が適用されます。

訪問看護計画の作成

　訪問看護は、訪問看護計画に基づいて実施されます。居宅サービス計画が作成されている場合には、その内容に沿って訪問看護計画が作成されなければなりません。

　訪問看護計画は、事業所の看護師・保健師・理学療法士・作業療法士・言語聴覚士が作成するものとされています（准看護師は不可）。

　訪問看護計画は、アセスメントと看護診断に基づいて作成します。アセスメントは、利用者の生活および健康に関する情報を系統的に収集するために行われ、疾病の状況、身体的機能、精神心理的機能にとどまらず、利用者の価値観、性格・行動パターン、家族状況や経済状況、住環境などについて幅広く情報収集を行います。看護診断では、アセスメントで収集した情報を分析・統合して、看護上の問題を明確にしておきます。

人員に関する基準

　人員に関する基準には、訪問看護ステーションについて、看護職員、理学療法士・作業療法士・言語聴覚士、管理者について配置基準が定められています。

❶ 看護職員（保健師・看護師・准看護師）
　常勤換算で2.5人以上となる員数、うち1人以上は常勤とします。

❷ 理学療法士・作業療法士・言語聴覚士
　事業所の実情に応じた適当数を配置するものとされています。

❸ 管理者
　常勤・専従の保健師または看護師であって、適切な訪問看護を行うために必要な知識・技能を有する者とされています。

　病院・診療所である訪問看護事業所には、訪問看護の提供にあたる看護職員を適当数置くものとされ、専従・常勤などの規定はありません。

運営に関する基準

　運営に関する基準には、居宅サービスに共通する規定のほか、次のような規定があります。

●同居家族である利用者にサービスを提供してはいけません。これは、訪問介護と訪問看護に共通する規定です。

●サービス提供の記録を整備して、都道府県の条例に定める期間（基準となる厚生労働省令では2年間）保存しなければなりません。訪問看護では、この記録に主治医の指示書・訪問看護計画書・訪問看護報告書が含まれます。

利用料（介護報酬）のしくみ

　看護職員による訪問看護は、所要時間に応じて、20分未満、30分未満、30分以上1時間未満、1時間以上1時間30分未満の4段階で算定します。

　理学療法士等の訪問は、20分を1回として、1回当たりで算定します。連続して40分行う場合は2回として算定でき、週6回の算定が限度です。

　基本サービス費は、訪問看護ステーションによるもの、病院・診療所によるものに分けて設定されています。

　利用料のしくみ、単位数について、訪問看護と介護予防訪問看護は同一の評価となっていましたが、サービス提供の内容等を勘案して、2018年度の介護報酬改定で基本サービス費に若干の差（10〜40単位程度）を設けることになりました。

訪問看護の基本サービス費（要介護者の場合）

㋑　看護職員による訪問看護

	訪問看護ステーション	病院・診療所
⑴　所要時間20分未満	311単位	263単位
⑵　所要時間30分未満	467単位	396単位
⑶　所要時間30分以上１時間未満	816単位	569単位
⑷　所要時間１時間以上１時間30分未満	1,118単位	836単位

㋺　理学療法士等による訪問（訪問看護ステーション）

　　20分以上を１回として、１回当たり296単位（１日に３回以上の場合は10％減算）

主な加算

初回加算　過去２か月間に当該事業所から訪問看護を提供していない場合に新規に訪問看護計画書を作成して訪問看護を提供した月に、300単位を算定。

夜間・早朝加算、深夜加算　訪問介護と同様に算定（114ページ参照）。

緊急時訪問看護加算　24時間の訪問看護対応体制を評価する加算。１月につき訪問看護ステーション574単位／病院・診療所315単位。

特別管理加算（Ⅰ）（Ⅱ）　腹膜透析・血液透析など特別な管理を必要とする利用者に計画的な管理を行った場合に、対象疾患により月当たり500単位または250単位を算定。

ターミナルケア加算　在宅で死亡した利用者に対し、死亡日および死亡日前14日以内に２日以上ターミナルケアを行った場合などに2,000単位加算。

看護体制強化加算（Ⅰ）（Ⅱ）　（Ⅰ）は、算定月の前６か月において、利用者総数のうち緊急時訪問看護加算を算定した利用者の割合が50％以上、および特別管理加算を算定した利用者の割合が30％以上、そして算定月の前12か月において、ターミナルケア加算を算定した利用者が５名以上であることを要件に、１月につき600単位を算定。（Ⅱ）の300単位では、ターミナルケア加算の算定者が１名以上で、ほかは（Ⅰ）と同じ要件。

主な減算

同一建物減算　訪問介護と同内容（115ページ参照）の訪問系のサービスに共通する減算。

准看護師による訪問の減算　准看護師による提供の場合、10％を減算。

訪問リハビリテーション

●医療系の居宅サービス・介護予防サービス

　訪問リハビリテーションは、病院・診療所、介護老人保健施設、介護医療院により提供されます。医学的な管理下で、理学療法士・作業療法士・言語聴覚士が利用者の居宅を訪問し、利用者の生活の場でのリハビリテーションを提供することで、生活機能の維持・向上を図ることを目的として行われるサービスです。

　医療保険が適用される急性期・回復期のリハビリテーションに引き続いて行われる、この維持期のリハビリテーションは、介護保険適用の対象です。

　要支援1・2の利用者に対しては、要介護化を予防する「予防的リハビリテーション」に重点をおき、要介護1・2の利用者には、ADL（日常生活動作）やIADL（手段的日常生活動作）の自立を促進する「自立支援型リハビリテーション」が行われます。ADLの自立が困難な重度の要介護者には、介護者の負担を軽減する「介護負担軽減型リハビリテーション」を主に行います。また、利用者の生活の場である居宅を訪問して行われるため、福祉用具の利用や住宅改修に関する適切な助言を行うことも、訪問リハビリテーションの重要な役割です。

人員・設備・運営に関する基準

　人員基準では、理学療法士・作業療法士・言語聴覚士であるリハビリテーション専門職を1人以上配置するものとされ、常勤、非常勤などの規定はありません。また、2017年改正によって、専任の常勤医師の配置が必須とされました（訪問リハビリテーション事業所である病院・診療所、介護老人保健施設、介護医療院の常勤医師との兼務は可能）。

　設備基準においても、専用の区画を設けること、必要な設備・備品を備えることが規定されているほか、詳細な規定はありません。

　運営基準では、居宅サービスに共通する規定、訪問系のサービスに共通する規定のほか、次の規定が重要です。

●医師、理学療法士、作業療法士、言語聴覚士が協働して、具体的なサービス内容を記載した訪問リハビリテーション計画を作成し、利用者または家族にその内容を説明して利用者の同意を得たうえで、計画的にサービスを提供する。

●リハビリテーション会議の開催により、会議の構成員と情報の共有をするよう努めなければならない。会議は、利用者および家族の参加を基本とし、医師、理学療法士等、介護支援専門員、居宅サービス計画の原案に位置づけた居宅サービスの担当者等の関係者により構成される。

利用料（介護報酬）のしくみ

　訪問リハビリテーションの基本サービス費は、20分以上のサービス提供を1回として、1回当たり290単位が算定されます（介護予防訪問リハビリテーションも同じ）。40分連続して行った場合は、2回として算定することができます。1週に6回の提供が限度とされています。

★ 主な加算

リハビリテーションマネジメント加算（Ⅰ）〜（Ⅳ）　リハビリテーションの質を継続的に管理する体制を評価する加算で1月につき算定。（Ⅰ）では、訪問リハビリテーション計画の進捗状況を定期的に評価し必要に応じて見直すこと、理学療法士等が居宅サービス事業者の従業員に介護の工夫等の情報を介護支援専門員を通じて伝達していること、毎回の実施にあたり医師が詳細な指示を行うこと、医師が3か月以上の継続利用が必要と判断する場合にはその理由をリハビリテーション計画書に記載することが要件。（Ⅱ）および（Ⅲ）では、さらにリハビリテーション会議を開催してリハビリテーション計画について医師が利用者・家族に説明し利用者の同意を得ること（テレビ電話等の活用も可）、リハビリテーション会議は3か月に1回以上の頻度で行い必要に応じて見直すことなどが必要。利用者・家族への説明を医師が行った場合は（Ⅲ）を算定し、リハビリテーション計画の作成に関与した理学療法士等が医師の代わりに説明した場合は（Ⅱ）を算定する。リハビリテーションマネジメント加算は、2018年度の報酬改定で介護予防訪問リハビリテーションにも新設された。

短期集中リハビリテーション実施加算　退院・退所日、新規認定から3か月以内に集中的にリハビリテーションを行った場合、1日につき算定。リハビリテーションマネジメント加算（Ⅰ）〜（Ⅳ）のいずれかを算定していることが必要。

社会参加支援加算　リハビリテーションの利用によりADL、IADLが向上し、要支援に区分変更したり、通所介護や小規模多機能型居宅介護、第1号通所事業に移行したりする「社会参加に資する取組み」を評価する加算。評価対象期間の次年度に1日につき算定。

①特別地域加算、②中山間地域等の小規模事業所加算、③中山間地域等提供加算　これらは訪問系サービスに共通する加算であり、①は離島振興法、山村振興法等に規定する特別地域で行うサービスを評価して15％加算するもの。②は特別地域以外の豪雪地帯、過疎地域等の小規模事業所がサービスを行うことを評価して10％加算するもの。③は、①②に居住する利用者に通常の事業の実施地域を越えてサービスを提供する場合に5％加算するもの。

居宅療養管理指導

●医療系の居宅サービス・介護予防サービス

　居宅療養管理指導は、在宅の要介護者等に対して、医師、歯科医師、薬剤師、歯科衛生士、管理栄養士が訪問して行う療養上の管理および指導です。対象になるのは、病状が不安定で悪化・再発・合併症を起こしやすい人、生命維持に必要な器具をつけている人、リハビリテーションを必要とする人、歯や口腔内、栄養に問題がある人などであって、通院が困難な人です。

　健康保険法の保険医療機関である病院・診療所、保険薬局は、居宅療養管理指導についてみなし指定が行われ、居宅療養管理指導を提供することができます。

　居宅療養管理指導で行うサービスの内容は、次のように職種ごとに運営基準に定められています。

医師・歯科医師が行う医学的管理指導

　医師・歯科医師は、利用者の居宅を訪問して、利用者およびその家族に対して、居宅サービスの利用に関する留意事項および介護方法等についての指導・助言を行います。これは、訪問診療等により常に利用者の病状・心身の状況を把握し、計画的・継続的な医学的管理または歯科医学的管理に基づいて行われなければなりません。利用者に対する指導・助言は、文書に記載して行うように努めなければならないとされています。

　また、介護支援専門員や居宅サービス事業者に対しては、居宅サービス計画の策定等に必要な情報提供を行います。この情報提供は、原則としてサービス担当者会議に参加して行うものとされていますが、それが困難な場合は、情報提供・助言を記載した文書を交付して行わなければなりません。そして、行った情報提供や助言の内容は、速やかに診療録に記録しておくことが求められています。

薬剤師が行う薬学的管理指導

　病院・診療所の薬剤師、薬局の薬剤師は、医師・歯科医師の指示に基づいて、薬学的管理指導を行います。高齢者には複数の薬を併用する人が多く、薬の相互作用や有害作用に注意が必要です。飲み忘れを防ぐなど服用時の工夫・注意点などについて、必要な指導を行います。薬局の薬剤師は、医師・歯科医師の指示により自ら作成した「薬学的管理指導計画」に基づいて指導・説明を行います。提供したサービスの内容について診療記録を作成して、医師・歯科医師に報告します。

管理栄養士が行う栄養指導

　管理栄養士は、医師の指示により利用者の居宅を訪問して、栄養管理に関する情報提供や指導・助言を行います。対象になるのは、厚生労働大臣が定める特別食の必要がある利用者や、低栄養状態にあると医師が判断した利用者です。管理栄養士は、アセスメントに基づき、摂食・嚥下機能、食形態などに配慮した「栄養ケア計画」を作成し、実施にあたり、報告・記録を行います。

歯科衛生士が行う歯科衛生指導

　歯科衛生士は、訪問歯科診療を行った歯科医師の指示に基づき、口腔ケアまたは摂食・嚥下機能に関する実地指導を行います。利用者を訪問して口腔機能スクリーニングを実施し、利用者の口腔機能をアセスメントして「管理指導計画」を作成・交付します。訪問指導の結果やその要点は、診療記録を作成して指示を行った歯科医師に報告します。

利用料（介護報酬）のしくみ

　居宅療養管理指導の介護報酬は、職種別に、また「⑦単一建物居住者以外の者に対して行う場合」と「㋺単一建物居住者に対して行う場合」に分けて設定されています。※㋺は単一建物居住者が2〜9人の場合、10人以上の場合の別に算定。

● **医師が行う居宅療養管理指導**（1月に2回を限度）
  ①　居宅療養管理指導費（Ⅰ）（②以外の場合）
    ⑦　507単位　　㋺　483または442単位
  ②　居宅療養管理指導費（Ⅱ）（在宅時医学総合管理料等を算定する利用者）
    ⑦　294単位　　㋺　284または260単位

● **歯科医師が行う居宅療養管理指導**　（1月に2回を限度）
    ⑦　507単位　　　㋺　483または442単位

● **薬剤師が行う居宅療養管理指導**
  ①　病院・診療所の薬剤師が行う場合（1月に2回を限度）
    ⑦　558単位　　㋺　414または378単位
  ②　薬局の薬剤師が行う場合（1月に4回を限度）
    ⑦　507単位　　㋺　376または344単位

● **管理栄養士が行う居宅療養管理指導**　（1月に2回を限度）
    ⑦　537単位　　㋺　483または442単位

● **歯科衛生士が行う居宅療養管理指導**　（1月に4回を限度）
    ⑦　355単位　　㋺　323または295単位

通所介護（1）

● 福祉系の居宅サービス　● 要介護1〜5の人が対象

通所介護は、一般にデイサービスとも呼ばれ、利用者を事業所に通わせて、入浴・排泄・食事等の介護を行うほか、生活等に関する相談や助言、個別あるいは小グループでの機能訓練を行うものです。

通所介護は、居宅サービスのなかで最も利用者の多いサービスです。軽度の利用者が多い傾向がありますが、要介護3〜5の人の利用もかなりあります。

類似のサービスとして、居宅サービスから移行して地域密着型サービスに位置づけられた地域密着型通所介護（定員18人以下の小規模な事業所）、認知症の利用者に特化した認知症対応型通所介護（地域密着型サービス）があります。

● **要支援1・2の人を対象とする通所介護サービス**は、予防給付の対象から外され、地域支援事業の介護予防・日常生活支援総合事業に移行して、介護予防・生活支援サービス事業（第1号事業）として行われています。

通所介護の目的

通所介護は、要介護者となった場合であっても、可能な限り居宅において自立した日常生活を送れるように支援することをめざして提供するものとされています。その目的として、大きく次の3つが掲げられています。

❶ 利用者の社会的孤立感の解消

自宅に引きこもりがちな利用者に外出の機会を提供し、グループ活動のなかで他の利用者との交流を通じて社会的孤立感の解消を図ります。

❷ 利用者の心身機能の維持・向上

機能訓練指導員による個別機能訓練や生活リハビリテーション、介護職員等により小グループで行うゲームなどを通じて、利用者の心身機能の維持・向上を図ります。

❸ 家族介護者の負担軽減

日中の介護を通所介護事業所が担うことで、長期にわたる介護を行う家族の身体的・精神的な負担の軽減を図り、要介護者の居宅における日常生活を継続できるように支援します。レスパイト・ケアとも呼ばれています。

事業所の形態

指定通所介護事業所の形態には、老人デイサービスセンターのような単独事業所、特別養護老人ホーム・養護老人ホーム・老人福祉センターなどに併設されて通所介護事業所の指定を受けたものがあります。

人員に関する基準

❶ **管理者** 事業所ごとに常勤・専従で1人以上が配置されます。ただし、管理上支障がない場合には、事業所の他の職務、同一敷地内にある他の事業所・施設の職務に従事することができます。特段の専門資格は必要とされていません。

❷ **生活相談員** サービス提供時間を通じて1人以上が確保されるために必要な数が配置されます。社会福祉士・精神保健福祉士・社会福祉主事任用資格など、都道府県知事の定める資格が必要です。

❸ **看護職員** 専従の看護師または准看護師が、同時に一体的にサービスを提供する単位ごとに1人以上確保されるために必要な数が配置されます。

❹ **介護職員** サービスを提供する単位ごとにサービス提供時間に応じて、利用者の数が15人までは1人、15人を超えて1人増すごとに0.2を加えた数が必要とされます。特段の専門資格は定められていません。

❺ **機能訓練指導員** 「日常生活を営むのに必要な機能の減退を防止するための訓練の能力を有する者」を1人以上配置するものとされています。これには、理学療法士・作業療法士・言語聴覚士・柔道整復師・あん摩マッサージ指圧師・看護職員または一定の経験を有するはり師・きゅう師のいずれかをあてなければなりません。

設備に関する基準

食堂および機能訓練室（兼用可）、静養室、相談室、事務室を設けることが定められています。

運営に関する基準

❶ 送迎に要する費用は基本サービス費に含まれていて別途利用者から支払いを受けることはできませんが、利用者の選定により通常の事業の実施地域以外の居住者に対して行う送迎の費用は、支払いを受けることができます。

❷ おむつ代、食費、その他の日常生活費とされる費用は、利用者から支払いを受けることができます。

❸ 管理者は、居宅サービス計画の内容に沿って、具体的なサービス内容を記載した通所介護計画を、利用者ごとに作成しなければなりません。この通所介護計画は、利用者または家族への説明・同意を経て、利用者に交付します。

❹ 通所介護計画には、送迎方法、活動・訓練の内容と参加グループ、介護の場面と方法、その他かかわり方への配慮、心理的支援の内容と方法、家族等への支援の内容と方法などを記載します。

通所介護 (2)

●介護報酬のしくみと加算・減算

利用料（介護報酬）のしくみ

通所介護の介護報酬は、事業所の規模別に3段階、所要時間別に6段階、要介護1～5の要介護度別に5段階の基本サービス費が定められ、これを組み合わせて算定されます。

❶ 事業所の規模による区分

事業所の規模が大きいほど介護報酬の単位は低く設定されています。

- イ　**通常規模型通所介護費**（前年度の1月当たりの平均利用延べ人数が750人以内の事業所）
- ロ　**大規模型通所介護費（Ⅰ）**（イに該当せず、前年度の1月当たりの平均利用延べ人数が900人以内の事業所）
- ハ　**大規模型通所介護費（Ⅱ）**（イ、ロに該当しない事業所）

❷ 所要時間による区分

(1)	所要時間3時間以上4時間未満	(4)	所要時間6時間以上7時間未満
(2)	所要時間4時間以上5時間未満	(5)	所要時間7時間以上8時間未満
(3)	所要時間5時間以上6時間未満	(6)	所要時間8時間以上9時間未満

- ●送迎に要する時間は、所要時間に含みません。
- ●送迎時に行う利用者の居宅内での着替えなどの介助に要した時間は、計画に位置づけて、一定の資格要件・経験年数を満たす者により行われる場合は、1日30分以内を限度に所要時間に含めることができます。
- ●所要時間8時間以上9時間未満の通所介護の前後に日常生活上の世話を行った場合には、13時間以上14時間未満まで、1時間当たり50単位の延長加算を算定できます。ただし、通所介護の提供に引き続き保険外の宿泊サービスを提供した場合は、延長加算は算定できません。

❸ 要介護度による区分

（例）通常規模型通所介護費、所要時間7時間以上8時間未満の場合

(1)	要介護1	645単位	(4)	要介護4	1,003単位
(2)	要介護2	761単位	(5)	要介護5	1,124単位
(3)	要介護3	883単位			

主な加算

入浴加算　入浴介助を行った場合には、1日につき50単位を加算。

個別機能訓練加算（Ⅰ）（Ⅱ）　常勤・専従の機能訓練指導員をサービス提供時間帯を通じて1人以上配置すること、複数の機能訓練の項目を準備していること、利用者ごとの個別機能訓練計画に基づいて計画的に行っていること、利用者の居宅を訪問して作成した個別機能訓練計画を、その後3月ごとに1回以上訪問して見直しを行っていることなどの要件により算定。

認知症加算　人員基準に定められた看護職員・介護職員の数に加えて2人以上の職員を確保していること、日常生活に支障を来すおそれのある症状・行動のある認知症利用者の割合が20％以上であること、認知症介護の実践的な研修等を修了した者を1人以上配置していることが要件。

栄養改善加算　低栄養状態にある利用者について行う栄養改善サービスを評価するもので、1月に2回を限度として3月以内の期間に算定。管理栄養士を配置していること、利用者ごとの「栄養ケア計画」を作成していること、利用者の栄養状態を定期的に記録し評価していることなどの要件がある。

口腔機能向上加算　口腔機能が低下している利用者について行う口腔清掃の指導・実施、摂食・嚥下機能に関する訓練の指導・実施を評価する加算。3月以内の期間に限り1月に2回を限度として算定される。言語聴覚士、歯科衛生士または看護職員を1人以上配置していること、利用者ごとの「口腔機能改善管理指導計画」を作成して実施することなどの要件が定められている。

サービス提供体制強化加算、中重度者ケア体制加算　これらの加算は「体制加算」であり、利用者のすべてについて、1回または1日につき加算が行われる。

 主な減算

送迎を行わない場合の減算　送迎を行わなかった場合には、片道につき47単位の減算を行う。利用者が自ら通う場合、家族が送迎を行う場合のほか、利用者の希望により病院など居宅以外の場所に送迎を行った場合にも適用される。

集合住宅等におけるサービス提供の場合の減算　事業所と同一建物に居住する利用者、事業所と同一建物から事業所に通う利用者については、1日につき94単位が減算される。通所リハビリテーション等の通所系サービスに共通する減算。

2時間以上3時間未満の利用の場合の減算　心身の状況など利用者のやむを得ない事情により長時間の利用が困難な利用者に対して行う場合、4時間以上5時間未満の単位数の70％の単位数が算定。

通所リハビリテーション

●医療系の居宅サービス・介護予防サービス

　通所リハビリテーションは、病院・診療所、介護老人保健施設、介護医療院である事業所に通わせ、心身機能の維持・回復を図るために理学療法・作業療法その他のリハビリテーションを提供するものです。一般に、福祉系の通所介護がデイサービスと呼ばれるのに対しデイケアと呼ばれ、利用者の多い重要な医療系のサービスです。

　介護保険の通所リハビリテーションでは、医療保険が適用される急性期・回復期のリハビリテーションと異なり、主に維持期のリハビリテーションが行われます。利用者個々の障害に応じて行われる個別リハビリテーションのほかに、体操やゲームなどの活動をする集団リハビリテーションも行われています。

人員に関する基準 ────────────────

　人員基準は、病院・介護老人保健施設・介護医療院と、診療所の別に定められていますが、そこに大きな差異はありません。

●**医師**　病院・介護老人保健施設・介護医療院では、常勤の医師を１人以上配置。診療所では、利用者が同時に10人以下の場合は１人以上、10人を超える場合は、医師は常勤でなければならない。利用者数は医師１人に対して１日48人以内としなければならない。

●**理学療法士・作業療法士・言語聴覚士・看護職員・介護職員**　提供する時間帯を通じて、単位ごとに専従の従業者を、利用者10人以下の場合は１人以上、利用者10人を超える場合は利用者の数を10で除した数以上を配置する（常勤・非常勤は問わない）。このうち、専従の理学療法士・作業療法士・言語聴覚士は、利用者100人またはその端数を増すごとに１人以上配置する。

設備に関する基準 ────────────────

　３㎡×利用定員数以上の部屋が必要。

運営に関する基準 ────────────────

●リハビリテーション会議を開催して、利用者の状況等に関する情報を、会議の構成員と共有するように努めなければならない。

●通所リハビリテーション計画の作成は、医師、理学療法士・作業療法士その他の従業者が協働して行う。

利用料（介護報酬）のしくみ

　通所リハビリテーションの利用料は、①事業所の規模（通常規模型・大規模型（Ⅰ）および（Ⅱ））、②所要時間（１時間以上２時間未満〜７時間以上８時間未満の７段階）、③要介護度を組み合わせて算定されます。

　（例）通常規模型・所要時間３時間以上４時間未満の場合

　　要介護１　444単位　　　要介護３　596単位　　　要介護５　789単位

　　要介護２　520単位　　　要介護４　693単位

　介護予防通所リハビリテーション費は、所要時間や提供回数にかかわりなく１月につき算定されます。

　　要支援１　1,712単位　　　要支援２　3,615単位

⭐ 主な加算

延長加算　７時間以上８時間未満の通所リハビリテーションの前後に、連続して日常生活上の世話を行った場合、６時間を限度として１時間ごとに算定。

リハビリテーションマネジメント加算（Ⅰ）〜（Ⅳ）　リハビリテーションの質を継続的に管理する体制を評価する加算である。訪問リハビリテーションの場合と同じような要件がある（123ページ参照）。この加算は、2018年の報酬改定で介護予防通所リハビリテーションにも、要件を緩和して新設された。

短期集中個別リハビリテーション実施加算　退院・退所日または新規認定から３か月以内に、集中的に個別リハビリテーションを行った場合、１日につき算定。上記のリハビリテーションマネジメント加算の（Ⅰ）〜（Ⅳ）のいずれかを算定していることが必要。認知症の利用者を対象にする**認知症短期集中リハビリテーション実施加算（Ⅰ・Ⅱ）**も別にある。

生活行為向上リハビリテーション実施加算　生活行為の充実を図るための目標とリハビリテーションの実施内容を定めて計画的に行うリハビリテーションを評価するもの。リハビリテーションマネジメント加算（Ⅱ）〜（Ⅳ）のいずれかを算定していることなどの要件がある。

口腔機能向上加算　言語聴覚士、歯科衛生士または看護職員を１人以上配置し、口腔機能改善管理指導計画を作成して口腔清掃などを実施した場合に算定できる。

♠ 主な減算

送迎を行わない場合の減算　通所介護と同様（129ページ参照）。

集合住宅等におけるサービス提供の場合の減算　通所介護と同様（129ページ参照）。

短期入所生活介護

●福祉系の居宅サービス・介護予防サービス

　短期入所生活介護は、事業所指定を受けた施設に居宅要介護者等を短期間入所させ、入浴、排泄、食事等の介護その他の日常生活上の世話および機能訓練を提供するもので、一般にショートステイと呼ばれています。事業所指定を受けられるのは、特別養護老人ホーム、養護老人ホーム、老人短期入所施設（老人福祉法に根拠をもつ単独型の施設）などです。施設の形態は、単独型のほかに、特別養護老人ホームなどの本体施設に併設されているもの（併設型）、本体施設の空きベッドを活用するもの（空床利用型）があります。単独型の施設は利用定員20人以上とされていますが、併設型や空床利用型はこの限りではありません。

　短期入所生活介護は、在宅生活の継続と自立支援を図ることを目的に提供されます。そのため、①社会的孤立感の解消、②心身の機能の維持、③利用者の家族の身体的・精神的負担の軽減などを目的に利用されます。なかでもレスパイト・ケアと呼ばれる上記③の定期的な利用が利用目的の上位を占めているようです。

人員に関する基準

　管理者1人、医師1人以上。生活相談員は、利用者1〜100人に1人以上を配置します。介護・看護職員は、利用者3人につき常勤換算で1人以上、そのうち1人以上は常勤とします。そのほか、機能訓練指導員1人以上などの人員基準が定められています。併設型の場合は、併設施設との兼務が可能とされている職種もあります。

設備に関する基準

　建物についての基準、居室、食堂・機能訓練室などについて定められていますが、その内容は介護老人福祉施設に準じたものとなっています。

運営に関する基準

●食費・滞在費、理美容代などの日常生活費、送迎の費用（送迎加算を算定する場合を除く）などは利用者負担ですが、おむつ代は保険給付に含まれています。
●管理者は、おおむね4日以上の滞在が見込まれる場合は、居宅サービス計画に沿って短期入所生活介護計画を作成しなければなりません。
●介護支援専門員が、緊急に短期入所生活介護の利用が必要と認めた場合は、利用定員数を超えて、静養室においてサービスを提供することができます。

利用料（介護報酬）のしくみ

　短期入所生活介護費は、①事業所のタイプ別（単独型、併設型、単独型ユニット型、併設型ユニット型のそれぞれについて居室の定員等により２種）に、②要介護等状態区分別に、１日につき算定されます。

（例）併設型短期入所生活介護費（Ⅰ）（従来型個室）

　　要支援１　437単位　　　要介護１　584単位　　　要介護４　790単位

　　要支援２　543単位　　　要介護２　652単位　　　要介護５　856単位

　　　　　　　　　　　　　要介護３　722単位

☆ 主な加算

個別機能訓練加算　専従の機能訓練指導員として理学療法士等を１名以上配置し、個別機能訓練計画を作成して機能訓練を適切に提供していること、機能訓練指導員等が利用者の居宅を訪問したうえで、個別機能訓練計画を作成し、その後３月ごとに１回以上居宅を訪問して進捗状況等を説明し、訓練内容の見直し等を行っていることを要件に、１日につき算定。

医療連携強化加算　喀痰吸引が必要な利用者や人工呼吸器を使用する利用者など、９種の重度な状態にある利用者について算定。看護職員による定期的な巡視を行うなどの要件が定められている。

緊急短期入所受入加算　居宅サービス計画において計画的に行うこととなっていないが、介護支援専門員の判断により緊急的・臨時的な利用が必要とされた利用者について算定。原則として７日（介護を行う家族等にやむを得ない事情がある場合は14日）を限度に算定される。同様の加算に**認知症行動・心理症状緊急対応加算**があるが、この場合に、短期入所の必要性を判断するのは医師である。

送迎加算　利用者の心身の状態や家族等の事情等から送迎が必要と認められる場合に、片道につき加算。

♠ 主な減算

長期間利用者へのサービス提供についての減算　連続して30日を超えて同一の短期入所生活介護事業所に入所する場合は、30日を超える部分について保険給付は行われない。ただし、31日目を自費利用したり、いったん退所したりすることで再び30日の連続利用が可能であるが、この場合は、以降の介護報酬は１日につき30単位の減算が行われる。

短期入所療養介護

●医療系の居宅サービス・介護予防サービス

　短期入所療養介護は、病院・診療所、介護老人保健施設、介護医療院により提供される医学的管理の必要性が高い利用者へのショートステイです。そこでは、看護、医学的管理の下における介護および機能訓練その他必要な医療ならびに日常生活上の世話を行うものとされています。

　短期入所療養介護は、空床利用の形で提供されることが多く、病院・診療所、介護老人保健施設等の事業所ごとに利用定員が異なっています。例えば、療養病床を有する病院・診療所では、療養病床の病床数および療養病床の病室の定員数がその利用定員の上限です。

　短期入所生活介護の場合と同様に、レスパイト・ケアのための利用が多数を占めますが、医療の必要性がより高い利用者が対象となり、装着した医療機器の調整・交換を行うための短期利用なども行われます。

人員に関する基準

　人員に関する基準は、サービスを提供する事業所の本体となる病院・診療所、介護老人保健施設、介護医療院として定められた基準が適用されます。

設備に関する基準

　設備に関する基準も、本体となる病院・診療所、介護保険施設の基準が適用されます。そのため、利用者1人当たりの病室・療養室の面積は、介護保険施設が8.0㎡以上であるのに対して、病院・診療所では6.4㎡となっています。

運営に関する基準

　短期入所生活介護で取り上げた運営基準は、短期入所療養介護にもおおむね同様に規定されています。そのほか、医療系サービスに特有の次の規定があります。
●特殊な療法や新しい療法等については、別に厚生労働大臣が定めるもののほか行ってはならない。
●厚生労働大臣が定める医薬品以外の医薬品を利用者に施用または処方してはならない。
●病状の急変等により、必要な医療を提供することが困難であるときは、他の医師の対診を求める等、診療について適切な措置を講じる。

利用料（介護報酬）のしくみ

短期入所療養介護の基本サービス費は、サービスを提供する本体ごとに設定され、さらに、その機能や人員配置、療養環境により、要介護等状態区分別に細かく規定されています。また、それぞれについて、常時の看護職員による観察が必要な難病等を有する中重度者や末期がんの要介護者を対象とする「特定短期入所療養介護」もあります。これは、日帰りで行われるサービスで、所要時間により3段階に区分されています。

（例）介護老人保健施設短期入所療養介護費(ⅲ)　（多床室・基本型）
　　要支援1　　611単位　　　要介護1　　826単位　　　要介護4　　986単位
　　要支援2　　765単位　　　要介護2　　874単位　　　要介護5　1,039単位
　　　　　　　　　　　　　　要介護3　　935単位

● 特定介護老人保健施設短期入所療養介護費（要介護者のみが対象の日帰りサービス）
　　3時間以上4時間未満　654単位　　6時間以上8時間未満　1,257単位
　　4時間以上6時間未満　905単位

主な加算

多くの加算が短期入所生活介護と同様の要件で算定されます（サービス提供体制強化加算、夜勤職員配置加算、認知症行動・心理症状緊急対応加算、若年性認知症利用者受入加算、送迎加算、療養食加算など）。

個別リハビリテーション実施加算　医師、看護職員、理学療法士等が共同して作成した個別リハビリテーション計画に基づき、医師または医師の指示を受けた理学療法士等が個別リハビリテーションを行った場合に算定。

緊急短期入所受入加算　短期入所生活介護と同様の内容であるが、算定期間の上限は7日である。

認知症ケア加算　日常生活に支障を来すおそれのある症状または行動が認められる認知症の利用者に短期入所療養介護を行った場合に、1日につき算定。

主な減算

他のサービスにも共通の定員超過の場合の減算、人員基準欠如による減算のほかには、特別な減算規定はありません。なお、短期入所生活介護と同様に、連続して30日を超える利用の場合、30日を超える日以降に受けた短期入所療養介護は保険給付の対象になりませんが、短期入所生活介護にあるリセットした後の利用についての減算規定は、短期入所療養介護にはありません。

特定施設入居者生活介護

●居住系・福祉系の居宅サービス・介護予防サービス

　特定施設入居者生活介護は、介護保険法による特定施設の指定を受けた有料老人ホーム、養護老人ホーム、軽費老人ホームに入居している要介護者等が、それらの施設が提供する介護サービスを受けるものです。これらの施設は、老人福祉法に根拠をもつ施設ですが、サービス付き高齢者向け住宅であって有料老人ホームに該当するサービスを提供するものも、特定施設入居者生活介護を提供することができます。

　サービス提供の形態には、居宅サービスすべてを施設が提供する通常の形態と、計画作成担当者が作成した特定施設サービス計画に基づき基本サービスを行い、訪問介護等の居宅サービスは外部事業者に委託して行う外部サービス利用型があります。また、空き居室を利用する短期利用も行われます。

人員に関する基準

　管理者1人、生活相談員および計画作成担当者（介護支援専門員）を利用者1～100人につき1人以上、介護・看護職員を利用者（要介護者）3人につき1人以上（要支援者10人につき1人以上）、機能訓練指導員1人以上などの人員基準が定められています。看護職員・介護職員のそれぞれ1人以上は常勤とする必要があります。看護職員は、利用者30人以下では1人以上、30人を超える施設では50人を増すごとに1人以上をプラスします。

設備に関する基準

　サービス提供を専門に行う「介護居室」や、「一時介護室」などの基準が定められています。

運営に関する基準

　特徴的なのは、入居およびサービスの提供に関する利用者との契約を「文書により締結しなければならない」とする規定です（他の居宅サービスでは「書面によることが望ましい」としています）。そして「契約において、入居者の権利を不当に狭めるような契約解除の条件を定めてはならない」としています。

　また、入居者が、施設の提供するサービスに代えて他のサービス事業者の提供するサービスを利用することを妨げてはならないと定めています。

利用料（介護報酬）のしくみ

　特定施設入居者生活介護の介護報酬は、通常のサービス形態と外部サービス利用型および短期利用の３つに分けて設定され、それぞれ要介護等状態区分別に１日につき（外部サービス利用型は１月につき）定められています。外部サービス利用型は、施設が提供する基本サービス費のほかに、提携する居宅サービス事業者の提供するサービスの単価が、種類ごとに定められています。

（例）特定施設入居者生活介護費（１日につき）（短期利用の場合も同単位）

要支援１	108単位	要介護１	534単位	要介護４	732単位
要支援２	309単位	要介護２	599単位	要介護５	800単位
		要介護３	668単位		

⭐ 主な加算・減算

個別機能訓練加算　専従・常勤の理学療法士等を１人以上配置し、利用者ごとの個別機能訓練計画に基づき機能訓練を実施することにより算定。

生活機能向上連携加算　通所および訪問リハビリテーション、医療提供施設の理学療法士等が施設を訪問し機能訓練指導員等と共同して個別機能訓練を行った場合に算定（2018年改定で新設）。

夜間看護体制加算　常勤の看護師を１人以上配置、看護職員や病院・診療所、訪問看護ステーションとの連携で24時間連絡体制を確保するなどの要件で算定。

医療機関連携加算　利用者ごとに健康の状況を継続的に記録し、月に１回以上協力医療機関や主治医に情報を提供することを要件に算定。

退院・退所時連携加算　医療機関や介護老人保健施設または介護医療院を退院した者を受け入れる場合の医療機関との連携等を評価する加算で、入居した日から30日以内に限り算定（2018年改定で新設）。

入居継続支援加算　介護福祉士の数が利用者数に対して一定割合以上であること、痰の吸引等が必要な利用者の占める割合が一定数以上であることを要件に算定（2018年改定で新設）。

認知症専門ケア加算　利用者のうち重度の認知症の者の占める割合が２分の１以上であり、認知症介護に係る専門的な研修を修了している職員を一定数配置して、専門的な認知症ケアを実施しているなどの場合に算定。

　そのほか、**若年性認知症入居者受入加算**、**口腔衛生管理体制加算**、**栄養スクリーニング加算**、**看取り介護加算**、**サービス提供体制強化加算**などが設定されています。2018年改定で新設された減算には、**身体拘束廃止未実施減算**があります。

福祉用具

●福祉系の居宅サービス・介護予防サービス

　介護サービスのなかでも利用率の高い福祉用具には、事業者から貸与され1か月の利用料が保険給付される「福祉用具貸与費」と、貸与になじまないものとして利用者が購入する「福祉用具購入費」の保険給付があります。

　福祉用具貸与費は、居宅サービス等区分に含まれるサービスであり、月々の区分支給限度基準額管理の対象になります。

　それに対して、福祉用具購入費は、毎年4月1日～翌年3月31日までの1年間で管理され、居宅介護福祉用具購入費支給限度基準額が定められています。その額は一律10万円（利用者負担を含む。介護予防福祉用具購入費の場合も同額。）と定められ、申請により償還払いで給付されます。

人員・設備・運営に関する基準 ─────────

● 福祉用具貸与・販売の事業所には、**福祉用具専門相談員**を常勤換算で2人以上配置するものとされています。福祉用具専門相談員は、都道府県の指定する50時間の「福祉用具専門相談員指定講習」を修了して認定されるものです。なお、保健師・看護師・准看護師、理学療法士・作業療法士、社会福祉士、介護福祉士、義肢装具士の国家資格保持者は、福祉用具専門相談員として業務を行うことができます。

● 設備に関する基準には、「福祉用具の保管及び消毒のために必要な設備及び器材並びに事業の運営を行うために必要な広さの区画を有するほか、指定福祉用具貸与の提供に必要なその他の設備及び備品等を備えなければならない」と規定されています（貸与の場合）。ただし、保管・消毒等を他の事業者に委託する場合は、この限りではありません。

● 福祉用具専門相談員は、福祉用具貸与計画・特定福祉用具販売計画を居宅サービス計画に沿って作成し、利用者と居宅介護支援事業所の介護支援専門員に交付します。介護支援専門員が福祉用具の利用を居宅サービス計画に位置づける場合には、それが必要な理由を記載しなければならず、貸与の定期的な見直しを行うことも義務づけられています。

● 福祉用具専門相談員には、貸与しようとする商品の特徴や貸与価格に加え、その商品の全国平均貸与価格を利用者に説明すること、機能や価格帯の異なる複数の商品を利用者に提示することが義務づけられています。

● 事業者は、回収した福祉用具を、適切な消毒効果を有する方法により速やかに

消毒するとともに、既に消毒が行われた福祉用具と消毒が行われていない福祉用具とを区分して保管しなければなりません（貸与の場合）。

福祉用具貸与の種目

（★印の付いた種目は、介護予防福祉用具貸与においても給付対象）

❶ **車いす・車いす付属品**　福祉用具貸与の対象になる車いすには、自走用車いす、介助用車いす（介助用電動車いすを含む）、電動車いすがあります。車いす付属品には、クッション、電動補助装置などが含まれます。原則として要介護1の人は利用できません。

❷ **特殊寝台・特殊寝台付属品**　特殊寝台は、ギャッヂベッドとも呼ばれ、傾斜角度が調整できる機能や床板の高さが無段階に調整できる機能があるものが給付の対象になります。特殊寝台付属品には、マットレス、サイドレール、ベッド用手すり、テーブル、スライディングボード、介助用ベルトなどが含まれます。原則として要介護1の人は利用できません。

❸ **床ずれ防止用具**　体圧分散によって床ずれ防止効果がある空気マット、ウォーターマットなどが含まれます。原則として要介護1の人は利用できません。

❹ **体位変換器**　利用者の身体の下に挿入して体位の変換を容易にする用具です。クッションなど体位保持のみを行うものは対象になりません。原則として要介護1の人は利用できません。

❺ **手すり（★）**　床に置いて使用するもの、天井と床に突っ張らせて固定するもの、便器やポータブルトイレを囲んで据え置くものなどが対象。取り付けに際し工事を伴うものは、住宅改修の対象であり、貸与の対象になりません。

❻ **スロープ（★）**　段差を解消するものですが、取り付けに工事を伴うものは、住宅改修の対象であり貸与の対象にはなりません。

❼ **歩行器（★）**　歩行に支持性・安定性を必要とする人を対象とするもので、脚部に車輪のあるものと車輪のないものがあります。

❽ **歩行補助つえ（★）**　多点杖、松葉杖、ロフストランド・クラッチなどが対象になります。Ｔ字杖は対象から除かれます。

❾ **認知症老人徘徊感知機器**　認知症の要介護者等が、屋外に出ようとしたときにセンサーが感知して、家族等に知らせるものです。原則として要介護1の人は利用できません。

❿ **移動用リフト（吊り具の部分を除く）**　移動用リフトは、利用者の身体を吊り上げて移乗や移動を助け、介護者を支援するものです。床走行式、固定式、据え置き式があります。原則として要介護1の人は利用できません。

⓫ **自動排泄処理装置**　尿や便を自動的に吸引するもので、尿のみを処理するものと、尿と便を処理するものがあります。尿のみを処理するものを除いて、要介護1〜3の人は、原則として利用できません。

なお、要支援1〜2、要介護1、要介護1〜3の利用者には、原則として給付されない種目であっても、医学的な所見に基づく医師の判断、サービス担当者会議などを通じた適切なケアマネジメントにより利用が必要と判断され、市町村が認めた場合には給付が可能となる場合があります。

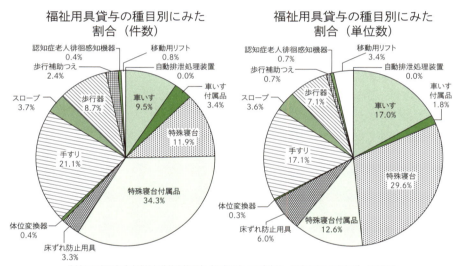

資料：平成28年度介護給付費等実態調査（平成28年5月審査分〜平成29年4月審査分）より作成

特定福祉用具販売の種目

❶ **腰掛便座**　ベッドサイドで排泄をするためのポータブルトイレ（水洗式を含む）、和式便器・洋式便器の上に設置して立ちしゃがみを容易にする補高便座、電動による立ち上がり補助便座などがあります。

❷ **自動排泄処理装置の交換可能部品**　自動排泄処理装置のうちの交換可能部品（レシーバー、チューブなど尿や便の経路になるもの）は貸与になじまないので、販売の対象となります。専用パッドや洗浄液など排泄のつど消費するものは対象にはならず、自費で購入します。

❸ **入浴補助用具**　入浴用いす、浴槽用手すり、浴槽内いす、入浴台、浴室内すのこ、浴槽内すのこ、入浴用介助ベルトが対象です。

❹ **簡易浴槽**　空気式または折り畳み式で、容易に移動でき取水・排水のために工事を伴わないものが対象です。

❺ **移動用リフトの吊り具の部分**　身体を包み保持するシート状のものと、入浴用車いすのいす部分が取り外せて吊り具となるものがあります。

利用料（介護報酬）のしくみ

福祉用具貸与および特定福祉用具販売では、同一の種目であっても、商品の機能等によって価格が異なるので、種目ごとの費用（単位数）は定められていません。

介護報酬の算定基準では「現に要した費用の額を事業所の所在地に適用される1単位の単価で除して得た単位数とする」とされています（貸与の場合）。つまり、事業者と利用者の契約による「自由価格」ということです。

ただし、一部に高額な貸与料がみられることから、厚生労働省は商品ごとの全国平均貸与価格を公表して、2018年10月から貸与価格に上限を設け、適正価格での貸与を確保することになりました。具体的には、この上限は「全国平均貸与価格＋1標準偏差」で設定されます。上限を超えた価格で貸与しようとすると、保険給付の対象外になります。商品価格のばらつき具合が正規分布を示す場合、上位約16％が上限を外れることになるので、事業者は貸与価格の修正をしなければなりません。

2019年度以降は、おおむね1年に一度の頻度で上限価格の見直しが行われ、新商品についても、3か月に一度の頻度で上限価格の設定が行われます。なお、全国平均貸与価格の公表や価格の上限設定は、月平均100件以上の貸与件数がある商品についてのみ適用されます。

福祉用具の搬入・搬出に要する費用は、貸与価格に含まれ、別途に費用を請求することはできません。ただし、通常の事業の実施地域外への貸与や、離島等特別な地域などでは、交通費を加算することができます。特別地域加算では交通費に相当する額、中山間地域等における小規模事業所加算では交通費に相当する額の3分の2、中山間地域等に居住する利用者へのサービス提供加算では交通費に相当する額の3分の1が加算できます。

利用者が、認知症対応型共同生活介護、特定施設入居者生活介護（地域密着型を含む）、地域密着型介護老人福祉施設入所者生活介護、介護保険施設サービスを受けている間は、福祉用具貸与費は算定されません。

住宅改修

● 福祉系の居宅サービス・介護予防サービス

要介護者等にとって障害となる住宅の改修を行うことで、利用者の日常生活動作の自立を図り、在宅生活の継続を支援する保険給付です。そして、家族等の介護負担の軽減を図ることができます。また、利用者が外出しやすい環境を整備することにより、地域社会への参加を可能にすることにもつながります。

保険給付の対象になる住宅改修の内容は、厚生労働省告示「厚生労働大臣が定める居宅介護住宅改修費等の支給に係る住宅改修の種類」によって、次の6つが定められています。

❶ **手すりの取り付け**

介助なしで歩けるように、また、立ちしゃがみや移乗ができるようにするものです。手すりの取り付けは福祉用具貸与でも行われますが、取り付けに工事を伴うものは、住宅改修の対象となります。

❷ **段差の解消**

居室や廊下などの段差、玄関から道路までの通路などの段差や傾斜を解消するための工事です。敷居を低くする工事、スロープを設置する工事、浴室の床のかさ上げの工事などが含まれます。昇降機、リフト、段差解消機など、動力により段差を解消する機器を設置するものは、保険給付の対象になりません。

❸ **滑りの防止および移動の円滑化等のための床または通路面の材料の変更**

居室の畳敷きから板製やビニル系床材への変更、浴室の床材の滑りにくいものへの変更、通路面の床材の変更などが含まれます。

❹ **引き戸等への扉の取り替え**

開き戸を引き戸・折り戸・アコーディオンカーテンなどに取り替える工事、扉の撤去、ドアノブの変更、戸車の設置などが含まれます。扉の取り替えに合わせて自動ドアにした場合は、動力部分の設置は保険給付の対象になりません。

❺ **洋式便器等への便器の取り替え**

和式便器を洋式便器に取り替える工事です。便器の位置や向きの変更、暖房便座・洗浄機能の付いている洋式便器への取り替えも含まれます。水洗化の費用は対象から除かれます。

❻ **その他❶〜❺の住宅改修に付帯して必要となる住宅改修**

住宅改修工事に伴って必要となる壁や通路面の下地の補強などが含まれます。

住宅改修に必要な手続き

　住宅改修には、改修工事を行う事業者については特に規定はなく、利用者は工務店やリフォーム会社等に直接依頼して工事を行うことになります。

　住宅改修費の保険給付を受けるには、保険者（市町村）への事前申請と事後申請が必要です。

　事前申請は、住宅改修の内容、施工する者の名称、費用の見積り、着工予定、介護支援専門員等が作成する「住宅改修が必要な理由を記載した書面」、改修前と改修後の状態が確認できる図と改修前の写真を添付して行います。保険者は、これらの書類に基づき適切な住宅改修であるかどうかを確認します。

　事後申請は、費用・着工日・完成日がわかる書類、費用の領収書、改修した箇所ごとの改修前と改修後の写真（撮影日がわかるもの）などを添付して行います。住宅の所有者が申請者でない場合は、改修についての住宅の所有者の承諾書も必要です。

　保険者は、これらの確認に基づき支給の必要性を認めた場合、支給を決定します。支給は原則として償還払いで行われますが、保険者によっては、事業者登録制度を導入していて、登録事業者の行う改修工事については、利用者は利用者負担分のみを施工業者に支払う「受領委任払い」も行われています。

住宅改修費の支給限度基準額

　住宅改修費の支給限度基準額は、要介護等状態区分にかかわらず「同一の住宅」について20万円（利用者負担を含む）とされています。初回の住宅改修の費用が15万円の場合は、再度の住宅改修を行い、５万円の住宅改修費の支給を受けることが可能です。また、20万円までの保険給付を受けた場合であっても、転居した場合には、転居先の住宅について20万円までの保険給付を受けることができます。

　初めての住宅改修を着工したときの要介護等状態区分から、「介護の必要の程度を測る目安（段階）」が３段階以上重度になった場合には、それまでに支給された住宅改修費の額にかかわらず、再度20万円の支給限度基準額が適用されます（「３段階リセットの例外」と呼ばれる）。「介護の必要の程度を測る目安」は６段階で示されています（要支援２と要介護１は同じ段階）。したがって、要支援１から要介護２に要介護等状態区分が３段階上がっても「介護の必要の程度を測る目安」は２段階の上昇に留まり、再度の申請を行うことはできません。

定期巡回・随時対応型訪問介護看護

●訪問介護と訪問看護を複合した地域密着型サービス

介護職員・看護職員が利用者の居宅を訪問し、食事・排泄・入浴等の介護、緊急時の対応等、介護と看護の両方を、1つの事業所で一体的に、または連携して提供する地域密着型サービスです。

事業所の形態には、介護・看護を一体的に提供する「一体型」の事業所と、看護は訪問看護事業者と連携して行う「連携型」があります。

提供するサービスの内容は、次の4つです。

❶ **定期巡回サービス**　訪問介護員等が定期的に利用者の居宅を訪問して行う日常生活上の世話

❷ **随時対応サービス**　利用者・家族等からの通報を受け、相談援助を行ったり、訪問介護員等の訪問や看護師等による対応の要否を判断したりするサービス

❸ **随時訪問サービス**　随時対応サービスによる判断に基づき、訪問介護員等が行う日常生活上の世話

❹ **訪問看護サービス**　看護師等が医師の指示に基づき、利用者の居宅を訪問して行う療養上の世話または診療の補助

人員・設備・運営に関する基準

人員基準には、オペレーター、計画作成責任者などの定めがあります。

●**オペレーター**　看護師・介護福祉士・医師・保健師・准看護師・社会福祉士・介護支援専門員、サービス提供責任者として1年以上の経験を有する者から、提供時間帯を通じて1人以上確保するために必要な数（1人以上は常勤）。

●**訪問介護員等**　利用者に適切な定期巡回サービスを提供するために必要な数以上。提供時間帯を通じて随時訪問サービスの提供にあたる者が1人以上確保されるために必要な数以上。

●**看護師等**　（訪問看護ステーションの人員に関する基準と同様）

●**計画作成責任者**　従業者である看護師・介護福祉士・医師・保健師・准看護師・社会福祉士・介護支援専門員から1人以上。

設備基準には、事業所ごとに利用者の心身の状況等の情報を蓄積できる機器、利用者からの通報を随時適切に受けることのできる機器を備えること、および利用者がオペレーターに随時通報を適切に行うことのできる端末を配布すること（利用者が家庭用電話機などで適切に通報できる場合は除く）等が規定されています。

運営基準に定めている事項のうち、特徴的なものは次のとおりです。

● 利用者の居宅の合鍵を預かる際には、管理を厳重に行うとともに、管理方法・紛失した場合の対処方法などを記載した文書を利用者に交付する。

● 訪問看護サービスは、主治医の文書による指示に基づいて行い、定期巡回・随時対応型訪問介護看護計画および訪問看護報告書を医師に提出しなければならない。

● 居宅サービス計画に沿って作成する定期巡回・随時対応型訪問介護看護計画は、サービスを提供する日時等については、居宅サービス計画に記載された日時等にかかわらず、計画作成責任者が決定することができる。

● 介護・医療連携推進会議を設置し、おおむね6か月に1回以上サービス提供状況等を報告して、評価を受けるなどしなければならない。

利用料（介護報酬）のしくみ

　介護報酬は、サービス提供の回数・内容にかかわらず、要介護度別に1月当たりの定額で算定されます。具体的には、下表のように一体型事業所の場合と連携型事業所の場合に分けられ、一体型では、さらに介護・看護の利用者と介護のみの利用者に分けられ、それぞれ要介護度別に設定されています。連携型では、介護分を要介護度別に評価し、看護分は連携先の訪問看護事業所で算定します。

	一体型事業所		連携型事業所		
	看護あり	看護なし	介護分を評価		訪問看護費
要介護1	8,267単位	5,666単位	5,666単位		
要介護2	12,915単位	10,114単位	10,114単位		2,935単位
要介護3	19,714単位	16,793単位	16,793単位	＋	
要介護4	24,302単位	21,242単位	21,242単位		
要介護5	29,441単位	25,690単位	25,690単位		3,735単位

☆ 主な加算・減算

緊急時訪問看護加算　一体型事業所が、計画的に訪問することになっていない緊急時の訪問看護を行う場合に算定。

同一建物にサービスを提供する場合の減算　事業所と同一敷地内または隣接する敷地内に所在する建物に居住する利用者にサービスを提供する場合に1月につき600単位減算。2018年改定で、同一建物に居住する利用者の人数が1月当たり50人以上の場合の減算幅が900単位と大きくなった。

夜間対応型訪問介護

● 福祉系の地域密着型サービス

夜間対応型訪問介護は、夜間のサービス提供に特化した訪問介護サービスです。利用者宅を定期的に巡回する（定期巡回サービス）ことで夜間の不安感を除き、随時通報に対応して緊急時の支援を行い（随時訪問サービス）、利用者の在宅生活の継続を支えるものです。

利用者からの通報を受けるためにオペレーションセンターを設置して、訪問の要否を判断するオペレーションセンターサービスを提供します。

人員に関する基準

● **オペレーター**　定期巡回・随時対応型訪問介護看護と同様の資格者を、提供時間帯を通じて1人以上配置。
● **面接相談員**　オペレーターと同様の資格者または同等の知識・経験を有する者を1人以上確保するために必要な数を配置。
● **訪問介護員等**　定期巡回サービスを行う者を必要数以上、随時訪問サービスを行う者を提供時間帯を通じて専従で1人以上確保できる必要数以上配置。

設備に関する基準

● 利用者の身体の状況などの情報を蓄積できる機器を備えること、随時適切に利用者からの通報を受けることができる通信機器などを備えること、利用者に通信のための端末を配布すること（利用者の家庭用電話や携帯電話で代用も可）。

運営に関する基準

● 夜間対応型訪問介護計画は、居宅サービス計画に沿って、オペレーションセンターの従業者が作成し、その内容について利用者または家族に説明し同意を得たうえで、利用者に交付しなければならない。また、居宅介護支援事業者から交付の求めがあった場合には、これに協力するように努めなければならない。
● オペレーションセンター従業者は、利用者の居宅への訪問を1～3か月に1回程度行い、利用者の状況や環境等の把握を行って適切な相談・助言を行う。
● サービスを提供する時間帯には、最低限22時から6時までの時間帯を含まなければならない。8時から18時までの時間帯に行う訪問介護は、夜間対応型訪問介護とはならない。
● 利用者から合鍵を預かる場合には、管理方法、紛失した場合の対処方法などを記載した文書を利用者に交付する。

利用料（介護報酬）のしくみ

夜間対応型訪問介護費は、オペレーションセンターを設置する場合と設置しない場合に分けて設定されています。

オペレーションセンターを設置する場合は、1月当たりの基本夜間対応型訪問介護費に、提供回数に応じて算定される定期巡回サービス費と随時訪問サービス費を合算して算定されます。

オペレーションセンターを設置しない場合は、提供回数にかかわりなく1月当たりの定額報酬です。

⑦ **夜間対応型訪問介護費（Ⅰ）**（オペレーションセンターを設置する場合）

(1) 基本夜間対応型訪問介護費（1月につき）	1,009単位
(2) 定期巡回サービス費（1回につき）	378単位
(3) 随時訪問サービス費（Ⅰ）（1回につき）	576単位
(4) 随時訪問サービス費（Ⅱ）（1回につき）※ ※訪問介護員2人で行う場合	775単位

⑩ **夜間対応型訪問介護費（Ⅱ）**（オペレーションセンターを設置しない場合）
（1月につき）　2,742単位

☆ 主な加算

24時間通報対応加算　日中においてオペレーションセンターサービスを行う場合に、1月につき算定。

サービス提供体制強化加算　（Ⅰ）イ、（Ⅰ）ロ、（Ⅱ）イ、（Ⅱ）ロと4種類の加算が行われ、それぞれ、訪問介護員の研修・技術指導、介護福祉士の占める割合などの要件が定められている。（Ⅰ）イ・ロは提供回数1回につき算定、（Ⅱ）イ・ロは1月につき算定。

介護職員処遇改善加算　介護職員を従業者として雇用する事業所に共通して行われる加算。職場環境等に関する要件やキャリアパス要件を満たす程度により、（Ⅰ）～（Ⅴ）の加算が算定され、介護職員の報酬に反映される。

♠ 主な減算

同一建物減算　①事業所と同一の敷地または隣接する敷地内に所在する建物に居住する利用者の人数が1月当たり50人未満の場合10%の減算、②上記①の建物で利用者の数が1月当たり50人以上の場合15%の減算、③上記①以外の範囲に所在する同一の建物に居住する利用者の人数が1月当たり20人以上の場合10%の減算。

地域密着型通所介護・療養通所介護

●福祉系および医療系の地域密着型サービス

　地域密着型通所介護は、前年度の1か月当たり平均利用延べ人数300人以内の小規模型通所介護事業所が、居宅サービスから地域密着型サービスに移行して、市町村の指定・指導監督のもとに置かれることとなったものです。そして、移行する事業所の要件は「利用定員18人以下」とされました。

　提供されるサービスの内容は居宅サービスの通所介護と変わりませんが、利用者の生活圏域に密着した少人数を対象とするサービスであり、地域との連携や透明性の確保がより求められるサービスといえるでしょう。

　医療系のサービスを行う療養通所介護も小規模通所介護の一形態であり、地域密着型サービスに移行し、市町村の監督のもとに置かれることになりました。

地域密着型通所介護の人員・設備・運営に関する基準

　地域密着型サービスに移行したことで、基準は市町村の条例に定められることになりましたが、居宅サービスの通所介護とおおむね共通しています。地域密着型に特徴的なものとして、以下のものがあります。

●利用者とその家族、地域住民の代表者、市町村の職員、地域包括支援センターの職員等で構成する「運営推進会議」を設置して、おおむね6か月に1回以上、活動状況を報告し、評価を受けなければならない。
●通所介護の設備を利用して、介護保険サービス外の宿泊サービス（お泊りデイサービス）を提供する場合は、サービスの内容を事前に市町村長に届け出なければならない（これは居宅サービスの通所介護にもあるが、居宅サービスの場合は都道府県知事に届け出る）。

療養通所介護の人員・設備・運営に関する基準

　療養通所介護は、通常の小規模通所介護とは異なり、医療系のサービスです。対象とするのは「難病等を有する重度要介護者またはがん末期の者であって、サービス提供にあたり常時看護師による観察が必要なもの」とされています。

　療養通所介護では、障害福祉サービス等である重症心身障害児・者を通わせる児童発達支援等を実施している事業所が多いことと、さらに地域共生社会の実現に向けた取組みを推進する観点から、従来9人以下としていた利用定員は18人以下と見直されました。

●事業所と同一の敷地内または隣接若しくは近接した敷地内にある緊急時対応医

療機関をあらかじめ定めておく（医療機関に併設の事業所として想定されている）。

● 看護職員または介護職員は、利用者1.5人に対して1人以上を配置し、そのうち1人以上は常勤の看護師とすること。

● 管理者は、看護師であって必要な知識および技能を有する者とし、療養通所介護計画の作成を行う。

● 地域の保健・医療・福祉の専門家および医療関係団体に属する者で構成する「安全・サービス提供管理委員会」を、おおむね6か月に1回以上開催する。なお、地域密着型サービスに課せられている「運営推進会議」の開催は、おおむね12か月に1回に緩和されている。

利用料（介護報酬）のしくみ

● 地域密着型通所介護

介護報酬は、3時間以上4時間未満〜8時間以上9時間未満の1時間きざみ6段階のサービス提供時間別に、要介護度別に算定されます。また、14時間までの延長加算が1時間ごとに算定されます。

（例）所要時間8時間以上9時間未満

要介護1	764単位	要介護4	1,190単位
要介護2	903単位	要介護5	1,332単位
要介護3	1,046単位		

加算および減算については、居宅サービスの通所介護で行われるものとほぼ共通しています。2018年改定で新設された加算には、ADL維持等加算や次の加算などがあります（居宅サービスの通所介護も同様）。

生活機能向上連携加算　訪問もしくは通所リハビリテーションを実施している事業所、医療提供施設の理学療法士等や医師が事業所を訪問し、共同でアセスメントを行い個別機能訓練計画を作成すること、リハビリテーション専門職と連携して、進捗状況を3月に1回以上評価して、必要に応じて見直しを行うことを要件に、1月当たり200単位を算定。

● 療養通所介護

療養通所介護の介護報酬は、要介護度による区分はなく、3時間以上6時間未満、6時間以上8時間未満の2段階で算定されます。

　3時間以上6時間未満　1,007単位　　　　6時間以上8時間未満　1,511単位

認知症対応型通所介護

●福祉系の地域密着型サービス・地域密着型介護予防サービス

　認知症の要介護者等を対象とする通所介護サービスです。その目的とするところは、通常のデイサービスと同様に、居宅での自立した生活の継続、社会的孤立感の解消、心身機能の維持、家族の介護負担の軽減にありますが、認知症専門ケアを受けることで認知症の程度の進行を遅らせ、状態の改善を図ることに特徴があります。

　事業所の形態には、単独型、併設型、共用型があります。

　「併設型」は、特別養護老人ホームや特定施設、病院・診療所、介護老人保健施設などの本体施設に併設されているもの、「単独型」は、本体施設に併設されていないものです。単独型・併設型においては、利用定員（同時にサービスを受ける利用者数の上限）を12人以下とするものとされています。

　「共用型」は、認知症対応型共同生活介護事業所、地域密着型介護老人福祉施設、地域密着型特定施設が、食堂・居間・共同生活室などのスペースを利用して通所介護利用者を受け入れるものです。利用定員は、認知症対応型共同生活介護では共同生活住居1戸につき3人以下とされています。ユニットケアを行う地域密着型介護老人福祉施設では、1ユニット当たりユニットの入居者数と合わせて12人以下とされています。

人員・設備・運営に関する基準

　単独型・併設型では、**人員に関する基準**として、生活相談員、看護職員または介護職員、機能訓練指導員について、提供時間帯を通じてそれぞれ1人以上の配置が求められています。機能訓練指導員に求められる資格は、通常の通所介護と同様です。

　設備に関する基準には、食堂・機能訓練室・相談室などの設置を定めています。

　運営に関する基準の内容は、居宅サービスの通所介護や地域密着型通所介護と共通するものです。

●介護は、利用者が住み慣れた地域での生活を継続することができるよう、地域住民との交流や地域活動への参加を図りつつ、利用者の心身の状況を踏まえ、妥当適切に行う。

●事業の運営にあたっては、提供したサービスに関する利用者からの苦情に関して、市町村等が派遣する者が相談及び援助を行う事業（介護相談員派遣事業）、その他の市町村が実施する事業に協力するよう努めなければならない。

●運営推進会議を設置して、おおむね６か月に１回程度、サービスの質の評価を受けなければならない。

利用料（介護報酬）のしくみ

　基本サービス費は、単独型、併設型、共用型のタイプ別に、サービス提供時間により要介護等状態区分別に設定されています。

　時間区分は、2018年度から他の通所介護と同様に、１時間ごとの６段階になりました。なお、心身の状況などのやむを得ない事情により長時間の利用が困難な利用者には、２時間以上３時間未満のサービス提供も行われます。

　（例）　８時間以上９時間未満の場合

〔単独型事業所〕		〔併設型事業所〕		〔共用型事業所〕	
要支援１	879単位	要支援１	791単位	要支援１	496単位
要支援２	982単位	要支援２	882単位	要支援２	524単位
要介護１	1,017単位	要介護１	913単位	要介護１	535単位
要介護２	1,127単位	要介護２	1,011単位	要介護２	554単位
要介護３	1,237単位	要介護３	1,110単位	要介護３	573単位
要介護４	1,349単位	要介護４	1,210単位	要介護４	592単位
要介護５	1,459単位	要介護５	1,308単位	要介護５	612単位

☆ 主な加算・減算

個別機能訓練加算　機能訓練指導員として専従の理学療法士等を１名以上配置して、各職種が共同して作成した利用者ごとの個別機能訓練計画に基づき、１日に120分以上、計画的に機能訓練を行っている場合に、１日につき27単位を算定。機能訓練の実施時間が規定されているのが、他のデイサービスと異なる。

生活機能向上連携加算　2018年改定で新設されたデイサービスに共通する加算で、算定要件も同様で、１月当たり200単位を加算（個別機能訓練加算を算定している場合は100単位）。

栄養スクリーニング加算　栄養改善の取組みを推進するため、**栄養改善加算**（１回当たり150単位）に加えて新設された加算。６か月に１回利用者の栄養状態の確認を行い、その情報を文書で介護支援専門員と共有することで１回当たり５単位を算定（この加算は、通常の通所介護にも新設された）。

　その他の加算・減算は、他の通所介護と共通するもので、口腔機能向上加算、入浴介助加算、若年性認知症利用者受入加算、集合住宅等におけるサービス提供の場合の減算などがあります。

小規模多機能型居宅介護

●福祉系の地域密着型サービス・地域密着型介護予防サービス

小規模多機能型居宅介護は、在宅の要介護者等に、訪問サービス、通いサービス、宿泊サービスを組み合わせて、1つの事業所から提供するものです。利用者が住み慣れた地域で暮らし続けられるように、通所サービスを中心に、利用者の希望に基づいて訪問サービス、宿泊サービスを柔軟に組み合わせて提供されます。地域包括ケアシステム構想の達成にとって、最も必要とされるサービスといえるでしょう。

小規模多機能型居宅介護は、2006年度に創設されたサービスですが、2016（平成28）年10月現在の事業所数は5,000を超え、地域密着型サービスのなかでは利用者数の多い重要なサービスになっています。市町村は、サービスの見込量の確保と質の向上のため、地域を定めて公募による事業者指定をできます。

利用者は、1か所の事業所に限って登録をしてサービスを受けます。登録定員は29人以下（サテライト事業所の場合は18人以下）とされています。また、サービスごとの1日当たりの利用定員は、次のように定められています。

● **通いサービス**　登録定員の2分の1以上18人以下
● **宿泊サービス**　通いサービスの利用定員の3分の1以上9人以下

事業者は、通いサービスの利用者が登録定員のおおむね3分の1以下の状態を続けてはならず、通いサービスを利用していない日は、可能な限り訪問サービスや電話連絡による見守りなどを行います。1人の利用者に対して、通い・宿泊・訪問サービスを合わせておおむね週4回以上行うのが適切としています。

登録者は、居宅サービスの訪問看護、訪問リハビリテーション、通所リハビリテーション（条件付き）、居宅療養管理指導、福祉用具貸与に限って、併せて利用することができます。

人員に関する基準

サービスの種類ごとに、従業者の配置基準が定められています。

● **通いサービスの提供にあたる者**　常勤換算で利用者3人につき1人以上
● **訪問サービスの提供にあたる者**　常勤換算で1人以上
● **夜間および深夜の勤務にあたる者**　夜間および深夜の時間帯を通じて1人以上

以上の従業者のうち、1人以上は看護師または准看護師でなければならず、1人以上は常勤でなければなりません。

● **介護支援専門員**を配置して、登録者の居宅サービス計画の作成にあたらせます。

設備に関する基準

事業所の立地は、地域との交流を図る観点から、住宅地と同程度の地域にあることとされています。

● 居間および食堂の広さは、通いサービスの利用者の処遇に支障がないと認められる十分な広さが必要。

● 宿泊室は、定員1人として7.43㎡以上の広さが必要。

運営に関する基準

● 管理者は、介護支援専門員に小規模多機能型居宅介護計画の作成を担当させます。介護支援専門員は、利用者の居宅サービス計画とこの個別サービス計画の両方を作成することになります。

● 運営推進会議は、おおむね2か月に1回開催して、業務の内容を報告し評価を受けなければなりません。なお、一定の要件のもとに他の事業所との合同開催も認められます。

利用料（介護報酬）のしくみ

小規模多機能型居宅介護費は、3種のサービスの組み合わせや利用回数に関係なく、要介護等状態区分別に、1月当たりの定額で算定されます。そして、「同一建物に居住する者以外の者に対して行う場合」、「同一建物に居住する者に対して行う場合」、「短期利用居宅介護費（1日当たり）」の3通りに設定されています。

（例）同一建物に居住する者以外の者に対して行う場合

要支援1	3,403単位	要介護3	22,062単位
要支援2	6,877単位	要介護4	24,350単位
要介護1	10,320単位	要介護5	26,849単位
要介護2	15,167単位		

※「同一建物に居住する者に対して行う場合」は、10％程度低く設定。

☆ 主な加算・減算

初期加算、認知症加算、看護職員配置加算、サービス提供体制強化加算、介護職員処遇改善加算、看取り連携体制加算、訪問体制強化加算、生活機能向上連携加算、総合マネジメント体制強化加算などがあります。

減算では、3種のサービスの登録者1人当たりの平均提供回数が週4回に満たない場合に、利用者全員について30％の減算が行われるのが特徴的です。

153

看護小規模多機能型居宅介護

● 福祉と医療複合型の地域密着型サービス

　看護小規模多機能型居宅介護は、2011年改正で、複合型サービスとして地域密着型サービスに創設されたものです。2015年度から現名称に変更されましたが、その名称が表すように、小規模多機能型居宅介護の機能に訪問看護の機能を組み合わせたサービスです。

　小規模多機能型居宅介護は要支援者も対象としていますが、このサービスの利用者は要介護者に限定されます。要介護度が高く、医療サービスの必要性が高い利用者であっても、住み慣れた居宅で可能な限り自立した生活を継続できるように支援することを目標としています。地域包括ケアシステムに不可欠な介護と医療の連携を推し進めるうえで、今後ますます重要性を増すサービスといえます。

人員・設備・運営に関する基準

　基準のうちのほとんどは小規模多機能型居宅介護と共通していますが、人員・運営に関する基準の一部（下線部分の訪問看護に関するもの）が異なります。

● サービス提供にあたる従業者は、サービスの種類ごとに定められているが、次のうち1人以上は常勤の看護師・保健師とし、また、常勤換算で2.5人以上の看護職員（保健師・看護師・准看護師）を配置する。

● **通いサービスの提供にあたる者**　常勤換算で利用者3人に1人以上。そのうち1人以上は看護職員。

● **訪問サービスの提供にあたる者**　常勤換算で2人以上。そのうち1人以上は看護職員。

● **夜間・深夜の勤務にあたる者**　夜間・深夜の時間帯を通じて1人以上。

● **宿直にあたる者**　必要な数以上。

● 看護サービスの提供にあたっては、主治医の作成する訪問看護指示書に基づいて行う。

● 介護支援専門員は、看護小規模多機能型居宅介護計画を作成し、主治医に提出する。介護支援専門員は、計画の作成に関し看護師等と密接な連携を図る。

● 看護師等（准看護師を除く）は、看護小規模多機能型居宅介護報告書を作成し、主治医に提出する。

● 2か月に1回程度開催する運営推進会議は、1年度の開催回数の半数を超えないこと、外部評価を受ける運営推進会議は単独開催とすることなどを要件に、複数の事業所による合同開催とすることができる。

利用料（介護報酬）のしくみ

看護小規模多機能型居宅介護費は、「同一建物に居住する者以外の者に対して行う場合」、「同一建物に居住する者に対して行う場合」の別に、要介護度別に、1月につき算定されます。どのサービスを何回利用したかは関係しません。また、1日につき算定される短期利用居宅介護費も設定されています。

（例）同一建物に居住する者以外の者に対して行う場合

要介護1	12,341単位	要介護4	27,531単位
要介護2	17,268単位	要介護5	31,141単位
要介護3	24,274単位		

主な加算

看護体制強化加算（Ⅰ）（Ⅱ） 主治医の指示に基づく看護サービスを提供した利用者割合80％以上、緊急時訪問看護加算の算定者割合50％以上、特別管理加算の算定者割合20％以上（いずれも前3か月の割合）が（Ⅰ）（Ⅱ）に共通する要件。（Ⅰ）では前12か月のターミナルケア加算の算定者1人以上、登録特定行為事業者または登録喀痰吸引等事業者の届出をしているという要件を付加。

緊急時訪問看護加算 利用者の同意を得て、24時間連絡できる体制を整え、計画的に訪問することとなっていない緊急時における訪問を行うことができる体制を評価するもの。

訪問体制強化加算 看護サービスを除く訪問サービスの提供にあたる常勤の従業者（看護師等を除く）を2人以上配置して、月200回以上の訪問サービスを提供することを要件とする（事業所と同一建物に集合住宅を併設する場合は、登録者のうち同一建物居住者以外の者の割合が50％以上）。

中山間地域等に居住する者へのサービス提供加算 離島や過疎地域など厚生労働大臣が定める地域に居住している登録者に対して、通常の事業の実施地域を越えてサービスを提供した場合に算定。

主な減算

訪問看護体制減算 前3か月において看護サービスを提供した利用者の割合が30％未満、緊急時訪問看護加算を算定した利用者の割合が30％未満などの場合に、要介護度に応じた減算が行われる。

末期の悪性腫瘍等により医療保険の訪問看護が行われる場合の減算 主治医の指示により医療保険適用の訪問看護が行われた場合は、要介護度に応じた減算が行われる。

認知症対応型共同生活介護

● 居住系・福祉系の地域密着型サービス・地域密着型介護予防サービス

　認知症対応型共同生活介護は、比較的安定した状態にある認知症の高齢者が、共同生活住居（グループホーム）に入居して受けるサービスです。介護予防サービスの利用は、要支援1は対象にならず、要支援2の人に限られます。

　小規模の共同生活住居に入居して、介護職員による専門的な支援を受けながら、食事その他の家事等は、利用者と職員が共同して行い、プライドをもって自立した生活を行うことを目的としています。認知症の軽重は問いませんが、認知症の原因となる疾患が急性の場合や少人数による共同生活に支障がある人は対象になりません。一定の要件を満たす事業所では、空室を利用した30日以内の短期利用も行われます。

　地域密着型サービスのなかでも事業所数が多いサービスで、平成28年の介護サービス施設・事業所調査では13,000を超えています。

人員に関する基準 ―――――――――――――――――――――――――――

● 共同生活住居ごとに配置する介護従業者は、昼間の時間帯では常勤換算で利用者3人につき1人以上、1人以上は常勤。夜間・深夜の時間帯では、時間帯を通じて1人以上、かつ夜間・深夜の勤務を行わせるために必要な数以上を確保。

● 計画作成担当者として、認知症対応型共同生活介護計画の作成に関して知識・経験があり定められた研修を修了した者を共同生活住居ごとに配置。そのうち事業所全体で1人以上は介護支援専門員でなければならない。

● 管理者は、3年以上認知症の人の介護に従事した経験をもち、管理者研修を修了した者。

設備に関する基準 ―――――――――――――――――――――――――――

● 事業所に設置することのできる共同生活住居は、原則として1または2とされ、1つの共同生活住居の入居定員は5〜9人で定める。

● 居室の定員は1人（利用者の処遇上必要と認められる場合は2人も可）とし、床面積7.43㎡の広さが必要。

● 居間と食堂は同一の場所とすることもできるが、利用者・従業者が一堂に会するのに必要な広さが必要。

● 事業所の立地は、住宅地または住宅地と同程度に利用者の家族や地域住民との交流の機会が確保される地域にあるようにする。

運営に関する基準

- 利用料等については、基本サービス費の利用者負担分のほか、食材料費・おむつ代・理美容代・その他の日常生活費の支払いを受けることができる。なお、居住費は利用者と事業所との契約で決められる。
- 原則として身体拘束は禁止されていて、緊急やむを得ない理由で身体拘束を行う場合は、その理由・態様、時間等を記録しなければならない。
- 運営推進会議を設置して、おおむね2か月に1回、サービスの内容等について評価を受けなければならない。

利用料（介護報酬）のしくみ

認知症対応型共同生活介護費は、要介護等状態区分別に、1日当たりで設定されています。短期利用の場合が別に設定され、また、それぞれ共同生活住居が1である場合と2以上である場合に分けられています。

（例）共同生活住居が1である場合

要支援2	755単位	要介護3	818単位
要介護1	759単位	要介護4	835単位
要介護2	795単位	要介護5	852単位

 主な加算

初期加算　入居した日、および医療機関に30日を超えて入院した後退院して再入居した日から起算して30日以内の期間について、1日当たりで算定。なお、入院後3か月以内に退院することが明らかな場合に、退院後に円滑な再入居ができる体制を整えている場合は、1月に6回を限度として一定の報酬を算定。

医療連携体制加算（Ⅰ）（Ⅱ）（Ⅲ）　（Ⅰ）は医療機関と連携するなどして看護師を1人以上確保して24時間連絡できる体制を確保していることなど、（Ⅱ）は事業所の職員として看護職員を常勤換算で1人以上配置し前12か月間において喀痰吸引や経管栄養を行う利用者が1人以上であることなど、（Ⅲ）は（Ⅱ）の看護職員が看護師であることなどを要件としている。

認知症行動・心理症状緊急対応加算　医師の判断により緊急に短期利用を提供する場合に、入居開始日から7日を限度に算定。

 主な減算

身体拘束廃止未実施減算　身体拘束等の適正化のために定められた措置を実施していない場合は、基本報酬が10％減算される。

地域密着型特定施設入居者生活介護

● 居住系・福祉系の地域密着型サービス

　地域密着型特定施設入居者生活介護は、入居定員29人以下の特定施設（有料老人ホーム・養護老人ホーム・軽費老人ホーム）に入居する要介護者に、入浴・排泄・食事等の介護その他の日常生活上の世話、機能訓練および療養上の世話を行うサービスです。

　居宅サービスの特定施設入居者生活介護との違いは、市町村に指定、指導監督の権限があること、施設のある市町村の住民に限って利用できること、外部サービス利用型のサービス形態はないこと、要支援者を対象にする介護予防サービスは存在しないことなどが挙げられます。

人員に関する基準

　居宅サービスの特定施設入居者生活介護とおおむね同様です。
● 生活相談員を1人以上配置、うち1人は常勤。
● 看護職員・介護職員の総数は、常勤換算で利用者の数が3人またはその端数を増すごとに1人以上を配置。看護職員は看護師または准看護師とし、常勤換算で1人以上、うち1人以上は常勤。介護職員は常に1人以上を配置し、うち1人以上は常勤。
● 機能訓練指導員は、理学療法士・作業療法士・言語聴覚士、看護職員、柔道整復師またはあん摩マッサージ指圧師、一定の経験を有するはり師・きゅう師から1人以上を配置（兼務可）。
● 計画作成担当者として、介護支援専門員を1人以上配置（兼務可）。

設備に関する基準

● 居室の定員は1人（夫婦など処遇上必要と認められる場合は2人も可）。
● 一時的に利用者を移してサービス提供を行うための一時介護室を設置。

運営に関する基準

● 入居にあたっては、申込者・家族に重要事項を記載した文書を交付して説明し、文書により契約を締結しなければならない。その際には、入居者の権利を不当に狭めるような契約解除の条件を定めてはならないとされる。
● 介護支援専門員は、他の従業者と協議して地域密着型特定施設サービス計画を作成し、文書により利用者の同意を得て、利用者に交付する。

利用料（介護報酬）のしくみ

　別に短期利用の場合の基本サービス費が設定されていますが、単位数は長期利用の場合と変わりません。また、居宅サービスの特定施設入居者生活介護とも同額です。

（例）地域密着型特定施設入居者生活介護費（1日につき）

　　要介護1　　534単位　　　要介護4　　732単位
　　要介護2　　599単位　　　要介護5　　800単位
　　要介護3　　668単位

 主な加算

個別機能訓練加算　機能訓練指導員の職務に専従する常勤の理学療法士等を配置して、利用者ごとに作成した個別機能訓練計画に基づき計画的に機能訓練を行うことが要件。

医療機関連携加算　協力医療機関や利用者の主治医に、1か月に1回以上利用者の健康の状況について情報提供を行った場合に1月につき算定。

退院・退所時連携加算　医療提供施設を退院・退所して入居する利用者を受け入れる場合に30日以内に限り1日につき算定。

入居継続支援加算　介護福祉士の数が利用者6人に対し1人以上である施設において、痰の吸引等を必要とする者の占める割合が15％以上である場合に1日につき算定。

生活機能向上連携加算　訪問・通所リハビリテーション事業所やリハビリテーションを実施している医療提供施設の理学療法士等や医師が、地域密着型特定施設を訪問し、職員と共同でアセスメントを行い作成した個別機能訓練計画に基づき、計画的に機能訓練を実施した場合に1月につき算定。

若年性認知症入居者受入加算　若年性認知症の人を受け入れ、個別のサービス担当者を定めている場合に1日につき算定。

　そのほか、認知症専門ケア加算、看取り介護加算、口腔衛生管理体制加算、栄養スクリーニング加算、サービス提供体制強化加算などがあります。

 主な減算

身体拘束廃止未実施減算　次の措置を行っていない場合、10％の減算を行う。緊急やむを得ない理由で身体拘束を行う場合の記録、身体拘束等の適正化のための対策を検討する委員会を3か月に1回以上開催してその結果を従業者に周知、適正化のための指針を整備、適正化のための研修を実施すること。

地域密着型介護老人福祉施設入所者生活介護

●地域密着型の福祉系入所施設

　地域密着型介護老人福祉施設は、入所定員29人以下の特別養護老人ホームを、市町村が介護保険適用の地域密着型入所施設として指定したものです。「地域密着型特養」とも呼ばれています。提供されるサービスは、入所定員30人以上の介護老人福祉施設と変わりませんが、介護保険施設とは呼ばれず、施設介護サービス費ではなく地域密着型介護サービス費の給付対象です。新規入所については、要介護3以上の者に限定されます。

　設置の形態としては、単独の小規模な介護老人福祉施設、本体施設をもつサテライト型居住施設、居宅サービス事業所や地域密着型サービス事業所に併設された小規模な入所施設があります。その居住形態には、従来型とユニット型がみられます。

　平成28年の介護サービス施設・事業所調査によると、事業所数は1,977を数え、平成25年の同調査による1,106から大きな伸びを示しています。地域包括ケアシステムの構築が進められていくなかで、地域密着型介護老人福祉施設は一定の役割を果たしているものと思われます。

　2015（平成27）年4月から、新規入所者は原則として要介護3以上とする改正が行われました。要介護1・2の人でも特例的な入所が認められる場合があることは、介護老人福祉施設と同様です。

人員・設備・運営に関する基準

　これらの基準は、入所定員の違いによるもの、市町村の条例に委任されている事項についての違いを除けば、介護老人福祉施設のものと共通しています。

● サテライト型施設の場合には、本体施設の職員により業務が適切に行われる場合は、医師・栄養士などは置かないことができる等、緩和規定がある（地域密着型に限る）。

● 居室は原則として定員1人とし、床面積は10.65㎡以上とする。また、静養室を介護職員室または看護職員室に近接して設ける。

● 社会生活上の便宜の提供として、教養娯楽設備を設けること、適宜レクリエーション行事を行うこと、行政機関等への手続きを入所者の同意を得て代行すること、入所者の外出の機会を確保することなどを規定。

● 入所者が入院し、おおむね3か月以内に退院することが明らかな場合には、円滑に再入所できるようにしなければならない。

利用料（介護報酬）のしくみ

　地域密着型介護老人福祉施設入所者生活介護費は、従来型個室・従来型多床室・ユニット型個室などの別に、要介護度により1日につき算定されます。

（例1）従来型個室

要介護1	565単位
要介護2	634単位
要介護3	704単位
要介護4	774単位
要介護5	841単位

（例2）ユニット型個室

要介護1	644単位
要介護2	712単位
要介護3	785単位
要介護4	854単位
要介護5	922単位

⭐ 主な加算

看護体制加算（Ⅰ）（Ⅱ）　入所者の医療ニーズに対応する体制を評価するもので、（Ⅱ）では看護職員を常勤換算で2人以上配置していること、病院・診療所や訪問看護ステーションと連携して24時間連絡できる体制を整えていることが要件。

配置医師緊急時対応加算　複数名の配置医師を置くなどして24時間対応できる体制を整えること、看護体制加算（Ⅱ）の算定などを要件に1回当たりで算定。

夜勤職員配置加算　従来からの要件による（Ⅰ）（Ⅱ）に加えて、夜勤時間帯を通じて、看護職員を配置していること、喀痰の吸引等ができる介護職員を配置していることを要件とする（Ⅲ）（Ⅳ）を、2018年改定で新設。

生活機能向上連携加算　訪問・通所リハビリテーション事業所やリハビリテーションを実施している医療提供施設の理学療法士等や医師が、施設を訪問し職員と共同でアセスメントを行い作成した個別機能訓練計画に基づき、計画的に機能訓練を実施した場合に1月につき算定。

排泄支援加算　要介護認定調査の「排尿・排便」が「一部介助」または「全介助」である入所者について、介助が軽減できると医師または医師と連携した看護師が判断し、入所者も希望する場合に、一定期間評価を行い、1月につき算定。

褥瘡マネジメント加算　施設入所時に、全員について褥瘡の発生に係るリスクを評価し、少なくとも3月に1回評価を行い結果を提出すること、リスクがあるとされた入所者については、入所者ごとの褥瘡ケア計画を作成し、褥瘡管理を実施することを要件として、1月につき算定（3月に1回が限度）。

　広域型の介護老人福祉施設にも共通する、看取り介護加算、栄養マネジメント加算、経口移行加算、経口維持加算、口腔衛生管理体制加算、口腔衛生管理加算、認知症専門ケア加算、認知症行動・心理症状緊急対応加算など、さまざまな加算が設けられています。

第6章

施設サービスの種類とその内容

介護老人福祉施設、介護老人保健施設、介護療養型医療施設、

新設された介護医療院について、

サービスの特徴、守らなければならない基準、

利用料（介護報酬）のしくみを理解する。

介護老人福祉施設 (1)

● 福祉系の介護保険施設　● 要介護3〜5の人が対象

　介護老人福祉施設は、老人福祉法に規定される特別養護老人ホーム（入所定員30人以上）が、都道府県知事の指定を受けて介護保険施設としての機能をもったものです。入所定員29人以下の特別養護老人ホームが、地域密着型サービス事業所として市町村内の要介護者を対象とするのに対して、介護老人福祉施設は、対象を市町村内に住所をもつ要介護者に限らない広域型の施設です。

　介護老人福祉施設の設置者は、地方公共団体または社会福祉法人に限られ、老人福祉法の措置施設としての役割もあります。

　介護老人福祉施設は、介護保険法第8条27項で「施設サービス計画に基づいて、入浴、排せつ、食事等の介護その他の日常生活上の世話、機能訓練、健康管理及び療養上の世話を行うことを目的とする施設」とされ、生活施設としてとらえることができます。

　平成28年の介護サービス施設・事業所調査によると、7,705施設、入所定員530,280人となっていて、介護保険施設全体（13,270施設・定員959,752人）の5割以上の大きな位置を占めています。入所者の状況をみると、入所者の79.6%を女性が占め、年齢階級別では、90歳以上が39.0%、85〜89歳が26.1%となっています。入所者の96.7%に認知症があり、「認知症高齢者の日常生活自立度ランクⅢ[※1]」の入所者が44.5%と多くを占めています。また、「障害高齢者の日常生活自立度（寝たきり度）ランクB・C[※2]」の入所者が77.8%となっています。

※1　「認知症高齢者の日常生活自立度ランクⅢ」とは、日常生活に支障を来すような症状・行動や意思疎通の困難さがときどき見られ、介護を必要とする状態。

※2　「障害高齢者の日常生活自立度（寝たきり度）」ランクBとは、屋内での生活は何らかの介助を要し、日中もベッド上での生活が主体であるが、座位を保つ状態。ランクCとは、1日中ベッド上で過ごし、排泄、食事、着替において介助を要する状態。

　このように、重度の要介護者が入所している現状から、2015（平成27）年4月から、原則として要介護3以上の者しか入所を認められなくなりました。ただし、要介護1または2の者であっても、介護老人福祉施設以外での生活が著しく困難であると認められる場合には、市町村の適切な関与のもとで、施設の入所検討委員会での検討を経て、特例入所が認められることがあります。

　前述の調査によると、介護老人福祉施設を退所後の利用者の行先は、死亡67.5%、医療機関26.8%が大半を占めていて、運営基準では常に在宅復帰の可能性を検討するものとされていますが、在宅復帰をした退所者は1.0%にしか過ぎません。そのことから、入所者の看取りを施設で行う対応が進められています。

人員に関する基準

- **医師**は、健康管理や療養上の指導ができる必要な数とされ、多くの場合、病院・診療所の医師に嘱託して配置する形がとられています。
- **生活相談員**は、入所者の数が100人またはその端数を増すごとに1人以上を常勤職員として配置します。
- **看護職員・介護職員**の総数は、常勤換算で入所者3人に対して1人以上を配置します。
- **看護職員**（看護師・准看護師）は、常勤換算で次のように配置し、1人以上は常勤の職員とします。
  - 入所者が30人を超えない施設　1人以上
  - 入所者が30人を超え50人を超えない施設　2人以上
  - 入所者が50人を超え130人を超えない施設　3人以上
  - 入所者が130人を超える施設　3人＋入所者50人またはその端数を増すごとに1人以上
- **介護職員**は、夜勤を含めて常時1人以上の常勤職員を置きます。
- **栄養士**を1人以上配置。ただし、入所定員40人以下の施設では、入所者の処遇に支障がなければ配置しなくてもよいとされます。
- **機能訓練指導員**は、1人以上の「日常生活を営むのに必要な機能を改善し、又はその減退を防止するための訓練を行う能力を有すると認められる者でなければならない」とされ、具体的には、理学療法士・作業療法士・言語聴覚士、看護職員、柔道整復師・あん摩マッサージ指圧師、一定の実務経験を有するはり師・きゅう師が該当します。機能訓練指導員は他の業務を兼務することができます。
- **介護支援専門員**は、1人以上を常勤で配置（入所者の数が100人またはその端数を増すごとに1人を標準）。他の職務を兼務することができます。
- **管理者**は、常勤の者を配置しますが、管理上支障がなければ同一敷地内の他の事業所・施設の職務を兼務することができます。

設備に関する基準

- 居室の定員は1人（入所者へのサービス提供上必要と認められる場合は2人とすることができる）。基準が改正される以前からの多床室も、経過措置で存続しています。入所者1人当たりの床面積は、10.65㎡以上とします。
- 廊下幅は1.8m以上、中廊下の幅は2.7m以上とされ、地域密着型介護老人福祉施設の1.5mおよび1.8mより広く規定されています。

介護老人福祉施設 (2)

●福祉系の介護保険施設　●要介護３〜５の人が対象

運営に関する基準

- サービスの開始にあたって、入所申込者やその家族に対して、運営規程の概要や勤務体制、サービス内容、事故発生時の対応、苦情処理の体制等を記した文書（重要事項説明書）を交付して説明し、入所申込者の同意を得ます。

- 定員を超える入所希望者がある場合には、サービスを受ける必要性が高いと認められる者を優先的に入所させるように努めなければなりません。そのため、施設は入所検討委員会を設置して検討を行います。

- 食費・居住費、入所者の選定により特別な居室や食事の提供を行った場合の費用、理美容代その他の日常生活費は、入所者から受領できます。おむつ代は基本サービス費に含まれているので、別途受領することはできません。

- 入所者本人または他の入所者の生命や身体の保護のために緊急やむを得ず行う場合を除いて、身体的拘束等は禁止されています。緊急やむを得ず行う場合には、介護支援専門員は、その理由・態様・時間等を記録し保存しておかなければなりません。

- 計画担当介護支援専門員は、個々の入所者について解決すべき課題の把握（アセスメント）を行い、他の職員との協議（サービス担当者会議）によって施設サービス計画を作成し、入所者や家族に内容を説明し同意を得なければなりません。その後、サービスの実施状況を把握し（モニタリング）、必要に応じて計画の変更を行います。

- 入浴（入所者の健康状態によって困難な場合は清拭）は１週に２回以上行い、おむつの適切な取替え、褥瘡予防のための適切な介護を行います。食事は、可能な限り離床して食堂で摂るように援助します。

- 入所者が病院等に入院した場合、おおむね３か月以内に退院することが明らかに見込まれるときは、円滑に再入所できるようにしなければなりません。

- 「感染症や食中毒の予防・蔓延防止のための対策を検討する委員会」を、おおむね３か月に１回以上開催するとともに、指針を作成し、従業者に定期的に研修を実施しなければなりません。

- 地域住民またはその自発的な活動と連携・協力を行うなど、地域との交流を図らなければならないとされます。

- 提供したサービスに関する苦情に迅速かつ適切に対応するために、苦情を受け付けるための窓口を設置する等の措置を行わなければならないとされています。

利用料(介護報酬)のしくみ

　介護老人福祉施設の介護報酬は、従来型とユニット型の別、居室の定員等の別により、要介護度別に1日につき設定されています。

(例1) 従来型個室		(例2) ユニット型個室		(例3) 従来型多床室	
要介護1	557単位	要介護1	636単位	要介護1	557単位
要介護2	625単位	要介護2	703単位	要介護2	625単位
要介護3	695単位	要介護3	776単位	要介護3	695単位
要介護4	763単位	要介護4	843単位	要介護4	763単位
要介護5	829単位	要介護5	910単位	要介護5	829単位

主な加算

入院または外泊時費用　入所者が入院または居宅等に外泊した場合に、基本サービス費に代えて、外泊時の費用を1月に6日を限度(外泊の初日と最終日は除く)として算定できる。また、外泊時に介護老人福祉施設の提供する在宅サービスを利用したときは、1日につき一定の単位数が算定されるが、外泊時費用との併算はできない。

サービス提供体制強化加算　介護職員のうち介護福祉士の占める割合が60%以上または50%以上、介護・看護職員の総数に常勤の者の占める割合が75%以上、サービスを提供する職員の総数に勤続3年以上の職員が占める割合が30%以上などの要件により、4通りの加算のいずれかが加算される。

個別機能訓練加算、生活機能向上連携加算　個別機能訓練加算は、専従・常勤の機能訓練指導員を配置した施設により行われる、入所者ごとの計画的な機能訓練について算定される。生活機能向上連携加算は、機能訓練指導員が、リハビリテーションを提供する事業所、医療施設の医師や理学療法士等と連携して個別機能訓練計画を作成した場合に併せて算定できる。

　そのほか、初期加算、退所時等相談援助加算、在宅・入所相互利用加算、認知症専門ケア加算、認知症行動・心理症状緊急対応加算、排泄支援加算、褥瘡マネジメント加算、口腔衛生管理加算、経口維持加算、栄養マネジメント加算、日常生活継続支援加算など多くの加算があります。

主な減算

身体拘束廃止未実施減算　身体的拘束の適正化を図るために講じなければならない措置を行っていない施設に対する減算で、1日につき10%の減算と、減算幅が強化された。

介護老人保健施設

●医療系の介護保険施設　●在宅復帰・在宅療養を支援する施設

　介護老人保健施設は、旧法の老人保健法に基づく「老人保健施設」が、介護保険法の施行により介護保険施設となって現在の名称となったものです。

　介護保険法では「看護、医学的管理の下における介護及び機能訓練その他必要な医療並びに日常生活上の世話を行うことを目的とする施設」と定義されています。その機能としてとりわけ強調されるのは、在宅復帰のための支援、在宅療養を支える機能であって、併設の事業所から提供する短期入所療養介護や通所リハビリテーション・訪問リハビリテーションとともに地域の拠点として期待される施設です。その機能から、病院と家庭との中間施設ともいわれます。

　介護老人保健施設の入所者は、病状が安定していて入院治療の必要がないこと、リハビリテーションが必要なこととされています。典型的な利用者像は、脳血管疾患で病院に入院して急性期の治療・リハビリテーション受けたあと、介護老人保健施設に入所して維持期のリハビリテーションを受けて在宅復帰をめざすというものです。

　介護老人保健施設の形態には、定員100人程度の通常の施設、定員29人以下の「サテライト型小規模介護老人保健施設」と「医療機関併設型小規模介護老人保健施設」、東京都区部や過疎地域など施設を設置するのに困難が多い地域のみに認められた「分館型介護老人保健施設」、病院の療養型病床などを転換した「介護療養型老人保健施設」があります。平成28年の介護サービス施設・事業所調査によれば、4,241施設、入所定員370,366人を数えます。入所者の平均要介護度は3.23と介護老人福祉施設よりも低くなっています。

　入所者の平均在所日数は約300日で、退所後の行先は、家庭33.1%、医療機関36.6%、死亡12.0%となっていて、在宅復帰率は他の介護保険施設よりも圧倒的に高くなっています。その機能をさらに高めるために、2018年の介護報酬改定では、報酬体系の見直しが行われました。基本サービス費について、一定の在宅復帰・在宅療養支援機能を有するものを「基本型」とし、さらにその機能を高めたものを「在宅強化型」として評価します。それらの要件を満たさない「その他」を新設して3つに分け、介護報酬にメリハリをつけてその機能の向上を促進しようというものです。評価には、在宅復帰率、ベッド回転率、入所前後訪問指導割合、退所前後訪問指導割合、リハビリテーション専門職の配置割合、支援相談員の配置割合、要介護4・5の入所者の割合など、10の評価項目について数値化した「在宅復帰・在宅療養支援等指標」に、他の要件を加えて用います。

168

人員に関する基準

　介護老人保健施設には、医師、薬剤師、看護職員、介護職員、支援相談員、理学療法士・作業療法士・言語聴覚士のいずれか、栄養士、介護支援専門員、調理員、事務員等について、配置が定められています。そのうち、薬剤師や調理員、事務員等については、その人数の基準はなく実情に応じた人数を配置するものとされています（薬剤師は入所者の数÷300を標準）。その他の職種については、入所者の数に応じた配置が求められています。

● **医師**　常勤換算で入所者の数を100で除した数以上。なお、管理者は原則として医師が務めるものとされますが、開設者は都道府県知事の承認を受けて医師以外の者を管理者とすることができます。

● **看護職員・介護職員**　常勤換算で総数を入所者3人に対し1人以上としなければならないのは介護老人福祉施設などと同様ですが、総数の7分の2程度を看護職員とします。

● **支援相談員**　1人以上（1人は常勤。入所者の数が100人を超える場合は超える部分を100で除した数以上を常勤換算で加える）。介護老人福祉施設では「生活相談員」と呼ばれるソーシャルワーカーです。

● **介護支援専門員**　入所者の数を100で除した数以上（入所者の処遇に支障がない場合は、他の職務を兼務することができる）。

● **理学療法士・作業療法士・言語聴覚士**　入所者の数を100で除した数以上。

　サテライト型施設や医療機関併設型小規模施設では、配置基準が一部緩和されています。

施設および設備に関する基準

　介護老人保健施設には、療養室、診察室、機能訓練室、談話室、食堂、浴室、レクリエーション・ルーム、洗面所、便所、サービス・ステーション、調理室、洗濯室または洗濯場、汚物処理室という13の施設を有することが定められています。サテライト型施設や医療機関併設型施設では、本体の施設を利用することで入所者の処遇に支障がなければ、一部の施設を設けないことができます。

● **療養室**　介護老人福祉施設の「居室」にあたるもので、定員を4人以下とし、1人当たりの床面積は8㎡以上とします。地階に設けてはならないこと、身の回り品を保管する設備を設けること、ナース・コールを設けることなどが規定されています。

● **機能訓練室**　入所定員数に1㎡を乗じて得た面積以上の広さとし、必要な器械・器具を設けます。

●**食堂** 入所定員数に2㎡を乗じて得た面積以上の広さとします。

　介護老人福祉施設（特別養護老人ホーム）の場合は、施設の構造に関する基準は老人福祉法に定められていて、介護保険法の下では設備に関する基準のみですが、介護老人保健施設では、構造に関する基準が定められています。

●建物は、耐火建築物とすること。ただし、療養室等を2階および地階のいずれにも設けていない場合や、療養室等を2階および地階に設けていても一定の要件を満たしている場合などは、準耐火建築物とすることが認められます。そのほか、エレベーター、直通階段、避難階段などに関する基準が定められています。

●廊下の幅は1.8m以上、中廊下の幅は2.7m以上とすること。

運営に関する基準 ─────────────────────

　介護保険施設に共通する事項がほとんどですが、医療や医学的管理の下の介護を提供する施設としての規定もあります。

●正当な理由なく介護保健施設サービスの提供を拒んではならないと規定されていますが、正当な理由にあたるのは入所申込者が入院治療を必要とする場合です。介護老人保健施設は、入所申込者の病状等を勘案し、入所申込者に対し自ら必要なサービスを提供することが困難であると認めた場合は、適切な病院または診療所を紹介する等の適切な措置を速やかに講じなければならないとしています。

●入所者の退所に際しては、その者またはその家族に対し、適切な指導を行うとともに、居宅サービス計画の作成等の援助に資するため、居宅介護支援事業者に対する情報の提供に努めるほか、退所後の主治医に対する情報の提供その他保健医療サービスまたは福祉サービスを提供する者との密接な連携に努めなければならないとしています。これらの事項は、以前は介護報酬の加算で細かく評価されていましたが、2018年改定で、介護老人保健施設で当然に行うべきものとして、一部を除いて基本報酬に包括化されました。

●医師の診療の方針として、一般に医師として診療の必要性があると認められる疾病または負傷に対して、的確な診断を基とし、療養上妥当適切に行うこと、特殊な療法または新しい療法等については、別に厚生労働大臣が定めるもののほか行ってはならない、別に厚生労働大臣が定める医薬品以外の医薬品を入所者に施用または処方してはならないなど6項目の規定があります。

●機能訓練として、入所者の心身の諸機能の維持回復を図り、日常生活の自立を助けるため、理学療法、作業療法その他必要なリハビリテーションを計画的に行わなければならないと規定しています。

利用料（介護報酬）のしくみ

　介護老人保健施設の介護報酬は、施設のタイプ別に分かれ、それぞれについて在宅復帰率等により、在宅強化型・基本型・その他の3つに分かれて、要介護度別に1日につき算定されます。また、ユニット型施設の場合も同様に設定されています。

　（例）多床室の場合（1日当たり）

〔在宅強化型〕		〔基本型〕		〔その他〕	
要介護1	818単位	要介護1	771単位	要介護1	756単位
要介護2	892単位	要介護2	819単位	要介護2	803単位
要介護3	954単位	要介護3	880単位	要介護3	862単位
要介護4	1,010単位	要介護4	931単位	要介護4	912単位
要介護5	1,065単位	要介護5	984単位	要介護5	964単位

※「在宅強化型」は、在宅復帰・在宅療養支援等指標が60以上で、リハビリテーションマネジメント、退所時指導等、地域貢献活動、充実したリハビリテーションの4要件を満たした施設。「基本型」は、在宅復帰・在宅療養支援等指標が20以上で、リハビリテーションマネジメント、退所時指導等の2要件を満たしたもの。

主な加算・減算

在宅復帰・在宅療養支援機能加算（Ⅰ）（Ⅱ）　退所者の30％超が在宅復帰している等の要件を満たした場合、（Ⅰ）は基本型に、（Ⅱ）は在宅強化型に算定。

かかりつけ医連携薬剤調整加算　多剤投薬をされている入所者について、かかりつけ医と事前に合意のうえで減薬する取組みを評価するもので、1回を限度として退所時に算定。

所定疾患施設療養費　肺炎など定められた疾患によって治療が必要になった場合や、専門的な検査が必要な場合に医療機関と連携する場合などに算定。

栄養マネジメント加算　常勤の管理栄養士1人以上を配置し、入所者ごとの栄養ケア計画を作成して栄養管理を実施した場合に1日につき算定。

　そのほか、食事摂取に係る経口移行加算・経口維持加算、口腔衛生に係る口腔衛生管理体制加算・口腔衛生管理加算、療養食加算、リハビリテーションに係る短期集中リハビリテーション実施加算・認知症短期集中リハビリテーション実施加算、認知症ケアに係る認知症専門ケア加算、認知症行動・心理症状緊急対応加算、若年性認知症入所者受入加算、ターミナルケア加算、介護保険施設に共通する初期加算、外泊時費用など、多くの加算が設定されています。

身体拘束廃止未実施減算　運営基準の見直しとともに、1日につき5単位から、1日につき10％と減算幅が大きくなった。

介護療養型医療施設

●病院・診療所の療養病床に介護保険が適用された施設

　介護療養型医療施設は、療養病床等を有する病院・診療所に長期にわたる療養を必要とする人を入院させ、療養上の管理、看護、医学的管理の下での介護その他の世話、機能訓練その他必要な医療を提供する施設とされています。

　療養病床には医療サービスを必ずしも必要としない人が入院している実態があり（いわゆる社会的入院）、医療療養病床は半減させ、介護保険適用の介護療養型医療施設は、2012年3月末までに廃止する方針が決定され、介護保険法の規定から削除して、介護老人保健施設等への転換が促されていましたが、転換は計画どおりには進まず、再度の経過措置の延長で、2024年3月末まで旧法の下で存続することになりました。平成28年10月現在、1,324施設が存在し、定員は59,106人となっています。2018年4月から転換の受け皿となる介護医療院が創設されたことで、今後、施設の減少が加速していくものと思われます。

　平成28年の介護サービス施設・事業所調査によると、入院患者の年齢階級別構成割合は介護老人福祉施設、介護老人保健施設と大差はありませんが、認知症の状況では、ランクⅢ31.7％・ランクⅣ45.0と重度者の割合が高くなっています（介護老人保健施設では38.9％・13.6％）。

　介護療養型医療施設は、療養病床を有する病院、療養病床を有する診療所、老人性認知症疾患療養病棟を有する病院の3タイプに分かれ、それぞれの基準が定められています。療養病床を有する病院と診療所では規模による差異があり、老人性認知症疾患療養病棟では、精神科病院としての特殊性があります。

人員に関する基準

- 医師、薬剤師、栄養士については、医療法で必要とされる数以上とされています（診療所の場合は、医師を常勤換算で1人以上）。
- 看護職員は、入院患者6人に対し常勤換算で1人以上（老人性認知症疾患療養病棟である大学病院等では入院患者3人に対し1人以上、それ以外の老人性認知症疾患療養病棟では入院患者4人に対し1人以上）。
- 介護職員は、入院患者6人に対し常勤換算で1人以上。
- 介護支援専門員は、1人以上（入院患者100人に対し1人以上を標準）。
- 病院の場合、理学療法士・作業療法士を、施設の実情に応じた数。
- 老人性認知症疾患療養病棟の場合、作業療法士を1人以上、および精神保健福祉士またはこれに準ずる者を1人以上。

設備・運営に関する基準

- 病室の病床数は４床以下とし、利用者１人当たりの床面積6.4㎡以上、機能訓練室および談話室を設けることとされています。
- 老人性認知症疾患療養病棟では、病棟の総床面積を利用者１人当たり18㎡以上とし、生活機能回復訓練室、デイルーム・面会室を設けます。
- 利用者がサービス利用の必要がないにもかかわらず退院しないとき、指示に従わないことにより要介護状態の程度を増進させたとき、偽りや不正行為によって保険給付を受けたり受けようとしたりしたとき、施設は市町村に通知しなければなりません。

利用料（介護報酬）のしくみ

　介護療養施設サービス費は、療養病床を有する病院、療養病床を有する診療所、老人性認知症疾患療養病棟を有する病院の別に、要介護度別に１日につき算定され、一定の医療処置の頻度や人員配置等を勘案して細かく設定されています。

（例）〔療養病床を有する病院〕療養型介護療養施設サービス費

　　（多床室、看護職員６：１・介護職員４：１の場合）

	療養機能強化型A	療養機能強化型B	その他
要介護1	778単位	766単位	745単位
要介護2	886単位	873単位	848単位
要介護3	1,119単位	1,102単位	1,071単位
要介護4	1,218単位	1,199単位	1,166単位
要介護5	1,307単位	1,287単位	1,251単位

※2018年改定によって「基本報酬に係る医療処置または重度者要件」が新設され、下記の要件を満たす入院患者の数が基準に満たない場合は、５％の減算を行い、加えて一部の加算のみ算定可とすることになった。

　算定日が属する前３か月において、①②のいずれかを満たすこと。

①　喀痰吸引もしくは経管栄養が実施された者の占める割合が15％以上

②　著しい精神症状、周辺症状もしくは重篤な身体疾患がみられ、専門医療を必要とする認知症高齢者の占める割合が20％以上

⭐ 主な加算

　主要な加算は、介護老人保健施設の場合と同様に設定されています。介護療養型医療施設に特徴的なものとして、試行的退院サービス費、他科受診時費用などがあります。

第６章　施設サービスの種類とその内容

173

介護医療院

●医療ニーズの高い要介護者のための介護保険施設

介護医療院は、廃止が決定された介護療養型医療施設に代わるものとして、2018（平成30）年４月から新設された介護保険施設です。介護療養病床から介護老人保健施設等への転換が図られていましたが、日常的に医療ケアを必要とする要介護者が多く存在していて、その受け皿として創設されたもので、病院・診療所の介護療養病床や介護療養型老人保健施設からの転換先ともなるものです。

都道府県知事は、地方公共団体、医療法人、社会福祉法人その他厚生労働大臣の定める者の申請により、開設許可を与えます。許可に係る施設基準は、下表のように、おおむね介護療養病床の療養機能強化型と同様になっています。

		介護療養病床（病院）【療養機能強化型】	介護医療院
		指定基準	指定基準
施設設備	診察室	各科専門の診察室	医師が診察を行うのに適切なもの
	病室・療養室	定員４名以下、床面積6.4㎡/人以上	定員４名以下、床面積**8.0㎡/人以上**※転換の場合、大規模改修まで6.4㎡/人以上で可
	機能訓練室	40㎡以上	40㎡以上
	談話室	談話を楽しめる広さ	談話を楽しめる広さ
	食堂	入院患者１人あたり１㎡以上	入所定員１人あたり１㎡以上
	浴室	身体の不自由な者が入浴するのに適したもの	身体の不自由な者が入浴するのに適したもの
	レクリエーションルーム	――――	**十分な広さ**
	その他医療設備	処置室、臨床検査施設、エックス線装置、調剤所	処置室、臨床検査施設、エックス線装置、調剤所
	他設備	給食施設、その他都道府県の条例で定める施設	**洗面所、便所、サービスステーション、調理室、洗濯室又は洗濯場、汚物処理室**
構造設備	医療の構造設備	診療の用に供する電気、光線、熱、蒸気又はガスに関する構造設備、放射線に関する構造設備	診療の用に供する電気、光線、熱、蒸気又はガスに関する構造設備、放射線に関する構造設備
	廊下	廊下幅：1.8m、中廊下は2.7m※経過措置　廊下幅：1.2m、中廊下1.6m	廊下幅：1.8m、中廊下の場合は2.7m※転換の場合　廊下幅：1.2m、中廊下1.6m
	耐火構造	（３階以上に病室がある場合）建築基準法に基づく主要構造部：耐火建築物	**原則、耐火建築物（２階建て又は平屋建てのうち特別な場合は準耐火建築物）**※転換の場合、特例あり

サービスの類型は、介護療養病床（療養機能強化型Ａ・Ｂ）と同水準の医療提供を行う「Ⅰ型療養床」と、介護老人保健施設以上の医療と療養環境を提供する「Ⅱ型療養床」に分けられ、人員配置と基本報酬が定められています。

人員に関する基準

●**医師**　Ⅰ型は入所者48人に対して１人以上（施設で３人以上）、Ⅱ型は入所者100人に対して１人以上（施設で１人以上）。

- **薬剤師**　Ⅰ型は入所者150人に対し1人以上、Ⅱ型は入所者300人に対し1人以上。
- **看護職員**　入所者6人に対し1人以上（うち看護師が2割以上の場合は報酬で評価）。
- **介護職員**　Ⅰ型は入所者5人に対し1人以上、Ⅱ型は入所者6人に対し1人以上（5：1、4：1の場合は報酬で評価）。
- **理学療法士・作業療法士・言語聴覚士**　施設の実情に合わせた適当数。
- **栄養士**　定員100人以上で1人以上。
- **介護支援専門員**　入所者100人に対して1人以上。
- **診療放射線技師**　施設の実情に合わせた適当数。

運営に関する基準

おおむね介護療養型医療施設と同様ですが、他の介護保険施設との整合性も図られています。

利用料（介護報酬）のしくみ

介護医療院の基本サービス費は、療養機能強化型療養病床相当のⅠ型と、転換型介護老人保健施設相当のⅡ型に大別され、看護・介護職員の配置により細かく設定され、別にユニット型の設定もあります。

（例）Ⅰ型介護医療院サービス費　　　Ⅱ型介護医療院サービス費
　　　（Ⅰ）（看護6：1・介護4：1）　（Ⅰ）（看護6：1・介護4：1）

要介護1	803単位	要介護1	758単位
要介護2	911単位	要介護2	852単位
要介護3	1,144単位	要介護3	1,056単位
要介護4	1,243単位	要介護4	1,143単位
要介護5	1,332単位	要介護5	1,221単位

※基本報酬に係る医療処置または重度者要件が定められている。例えば、上記Ⅰ型（Ⅰ）は、入所者のうち重篤な身体疾患を有する者・身体合併症を有する認知症高齢者の占める割合が50％以上、喀痰吸引・経管栄養・インスリン注射が実施された者の占める割合が50％以上、ターミナルケアが行われている入所者の占める割合が10％以上などの要件を満たした施設により算定される。

⭐ 主な加算

介護療養型医療施設で算定される加算は同様に算定されるほか、緊急時施設診療費（緊急時治療管理）、重度認知症疾患療養体制加算があります。

資料編

■被保険者証

(表面)

(一)

介護保険被保険者証

被保険者		
番号		
住所		
氏名	フリガナ	
生年月日	明治・大正・昭和　年　月　日	性別　男・女
交付年月日	平成　年　月　日	
保険者番号並びに保険者の名称及び印		

(二)

要介護状態区分等	
認定年月日（事業対象者の場合は、基本チェックリスト実施日）	平成　年　月　日
認定の有効期間	平成　年　月　日～平成　年　月　日
区分支給限度基準額	平成　年　月　日～平成　年　月　日　1月当たり

居宅サービス等（うち種類支給限度基準額）	サービスの種類	種類支給限度基準額

認定審査会の意見及びサービスの種類の指定

(三)

給付制限	内容	期間	
		開始年月日	平成　年　月　日
		終了年月日	平成　年　月　日
		開始年月日	平成　年　月　日
		終了年月日	平成　年　月　日
		開始年月日	平成　年　月　日
		終了年月日	平成　年　月　日
居宅介護支援事業者若しくは介護予防支援事業者又は地域包括支援センターの名称		届出年月日	平成　年　月　日
		届出年月日	平成　年　月　日
		届出年月日	平成　年　月　日
介護保険施設等	種類	入所等年月日	平成　年　月　日
	名称	退所等年月日	平成　年　月　日
	種類	入所等年月日	平成　年　月　日
	名称	退所等年月日	平成　年　月　日

（裏面）

編集資料

注意事項

一　介護サービスを受けようとするときは、あらかじめ市町村の窓口で要介護認定又は要支援認定を受けてください。

二　介護予防・生活支援サービス事業のサービスを受けようとするときは、あらかじめ基本チェックリストによる確認又は要支援認定を受けてください。

三　介護サービスを受けようとするときは、必ずこの証を事業者又は施設の窓口に提出してください。

四　介護予防・生活支援サービスの事業のサービスを受けようとするときは、必ずこの証を事業提供者に提出してください。

五　認定の有効期限を経過したときは、保険給付を受けられませんので、認定の有効期限を経過する六十日前から三十日前までの間に市町村にこの証を提出し、認定の更新を受けてください。

六　居宅サービス、地域密着型サービス、介護予防サービス又は地域密着型介護予防サービス（以下「居宅サービス等」という。）については、居宅介護支援事業者若しくは介護予防支援事業者に介護サービス計画若しくは介護予防サービス計画の作成を依頼した旨をあらかじめ市町村に届け出た場合又は自ら介護サービス計画若しくは介護予防サービス計画を作成し、市町村に届け出た場合に限って現物給付となります。これらの手続をしない場合は、市町村からの事業者に支払われるサービス費は後払い（償還払い）になります。

七　居宅サービス等に保険給付の限度額が設定されます。

八　介護サービスを受けるときに支払う金額は、介護サービスに要した費用に、別途介護保険負担割合証に示された割合を乗じた金額です（居宅介護支援サービス及び介護予防支援サービスの利用支払額はありません。）。

九　介護予防・生活支援サービス事業のサービスを受けるときに支払う金額は、当該サービスに要した費用のうち市町村が定める割合又は市町村が定める額（事業提供者が額を定める場合においては、当該事業者が定める額）です。

十　認定審査会の意見及びサービスの種類の指定欄に記載がある場合、記載事項に留意してください。利用できるサービスの種類の指定がある場合は、当該サービス以外は保険給付を受けられません。

十一　被保険者の資格がなくなったときは、直ちに、この証を市町村に返してください。

十二　この証の表面の記載事項に変更があったときは、十四日以内に、この証を添えて、市町村にその旨を届け出てください。

十三　不正にこの証を使用した者は、刑法により詐欺罪として懲役の処分を受けます。

十四　特別の事情がないのに保険料を滞納した場合は、給付を市町村から支払方法の変更（支払方法変更）、利用時支払額を三割とする措置、給付後、給付額減額等の措置を受けることがあります。

備考
1　この証の大きさは、縦128ミリメートル、横273ミリメートルとし、点線の箇所から三つ折りとすること。
2　必要があるときは、各欄の配置を著しく変更することなく所要の変更を加えることとその他所要の調整を加えることができること。

■認定調査票（概況調査）

別表第一

調査は、調査対象者が通常の状態（調査可能な状態）で
あるときに実施して下さい。本人が風邪をひいて高熱を
出している等、通常の状態でない場合は再調査を行って
下さい。　　　　　　　　　　　　　保険者番号　＿＿＿＿　被保険者番号＿＿＿＿＿

認定調査票（概況調査）

I　調査実施者（記入者）

実施日時	平成　年　月　日	実施場所	自宅内・自宅外（　　　　　　　　　　　）
ふりがな 記入者氏名		所属機関	

II　調査対象者

過去の認定	初回・2回め以降 （前回認定　年　月　日）	前回認定結果	非該当・要支援（　　）・要介護（　　）	
ふりがな 対象者氏名		性別　男・女	生年月日	明治・大正・昭和 　年　月　日（　歳）
現　住　所	〒　　―		電　話	―　　　―
家族等 連絡先	〒　　― 氏名（　　　）調査対象者との関係（　　）		電　話	―　　　―

III　現在受けているサービスの状況についてチェック及び頻度を記入してください。

在宅利用〔認定調査を行った月のサービス利用回数を記入。（介護予防）福祉用具貸与は調査日時
　　　　点の、特定（介護予防）福祉用具販売は過去6月の品目数を記載〕

□（介護予防）訪問介護（ホームヘルプ）・ 訪問型サービス　　　　　　　　　月　　回	□（介護予防）福祉用具貸与　　　　　　品目
□（介護予防）訪問入浴介護　　　　月　　回	□特定（介護予防）福祉用具販売　　　　品目
□（介護予防）訪問看護　　　　　　月　　回	□住宅改修　　　　　　　　　　あり・なし
□（介護予防）訪問リハビリテーション　月　回	□夜間対応型訪問介護　　　　　　　月　　日
□（介護予防）居宅療養管理指導　　月　　回	□（介護予防）認知症対応型通所介護　月　日
□（介護予防）通所介護（デイサービス） ・通所型サービス　　　　　　　　月　　回	□（介護予防）小規模多機能型居宅介 護　　　　　　　　　　　　　　　月　　日
□（介護予防）通所リハビリテーション （デイケア）　　　　　　　　　　月　　回	□（介護予坊）認知症対応型共同生活 介護　　　　　　　　　　　　　　月　　日
□（介護予防）短期入所生活介護（ショ ートステイ）　　　　　　　　　　月　　日	□地域密着型特定施設入居者生活介護　月　日
□（介護予防）短期入所療養介護（老健 ・診療所）　　　　　　　　　　　月　　日	□地域密着型介護老人福祉施設入所者 生活介護　　　　　　　　　　　　月　　日
□（介護予防）特定施設入居者生活介護　月　日	□定期巡回・随時対応型訪問介護看護　月　回
□看護小規模多機能型居宅介護　　　月　　日	

□市町村特別給付〔　　　　　　　　　　　　　　　　　　　　　　　　　　　　　　　　　〕

□介護保険給付外の在宅サービス〔　　　　　　　　　　　　　　　　　　　　　　　　　　〕

施設利用	施設連絡先
□介護老人福祉施設 □介護老人保健施設 □介護療養型医療施設 □介護医療院 □認知症対応型共同生活介護適用施設（グループ 　ホーム） □特定施設入居者生活介護適用施設（ケアハウス等） □医療機関（医療保険適用療養病床） □医療機関（療養病床以外） □その他の施設	施設名　＿＿＿＿＿＿＿＿＿＿＿＿＿＿＿＿ 郵便番号　　　　― 施設住所 　　　　電　話　　　　―　　　　―

IV　調査対象者の家族状況、調査対象者の居住環境（外出が困難になるなど日常生活に支障となるよう
　　な環境の有無）、日常的に使用する機器・器械の有無等について特記すべき事項を記入してください。

■認定調査票（基本調査）

調査日　　年　　月　　日
保険者番号＿＿＿＿＿
被保険者番号＿＿＿＿＿

認定調査票（基本調査）

1－1　麻痺等の有無について、あてはまる番号すべてに○の印をつけてください。（複数回答可）
1. ない　2. 左上肢　3. 右上肢　4. 左下肢　5. 右下肢　6. その他（四肢の欠損）

1－2　拘縮の有無について、あてはまる番号すべてに○の印をつけてください。（複数回答可）
1. ない　2. 肩関節　3. 股関節　4. 膝関節　5. その他（四肢の欠損）

1－3　寝返りについて、あてはまる番号に一つだけ○の印をつけてください。
1. つかまらないでできる　2. 何かにつかまればできる　3. できない

1－4　起き上がりについて、あてはまる番号に一つだけ○の印をつけてください。
1. つかまらないでできる　2. 何かにつかまればできる　3. できない

1－5　座位保持について、あてはまる番号に一つだけ○の印をつけてください。
1. できる　2. 自分の手で支えればできる　3. 支えてもらえばできる　4. できない

1－6　両足での立位保持について、あてはまる番号に一つだけ○の印をつけてください。
1. 支えなしでできる　2. 何か支えがあればできる　3. できない

1－7　歩行について、あてはまる番号に一つだけ○の印をつけてください。
1. つかまらないでできる　2. 何かにつかまればできる　3. できない

1－8　立ち上がりについて、あてはまる番号に一つだけ○の印をつけてください。
1. つかまらないでできる　2. 何かにつかまればできる　3. できない

1－9　片足での立位保持について、あてはまる番号に一つだけ○の印をつけてください。
1. 支えなしでできる　2. 何か支えがあればできる　3. できない

1－10　洗身について、あてはまる番号に一つだけ○の印をつけてください。
1. 介助されていない　2. 一部介助　3. 全介助　4. 行っていない

1－11　つめ切りについて、あてはまる番号に一つだけ○の印をつけてください。
1. 介助されていない　2. 一部介助　3. 全介助

1－12　視力について、あてはまる番号に一つだけ○の印をつけてください。
1. 普通（日常生活に支障がない）
2. 約1m離れた視力確認表の図が見える
3. 目の前に置いた視力確認表の図が見える
4. ほとんど見えない
5. 見えているのか判断不能

1－13　聴力について、あてはまる番号に一つだけ○の印をつけてください。
1. 普通
2. 普通の声がやっと聞き取れる
3. かなり大きな声なら何とか聞き取れる
4. ほとんど聞こえない
5. 聞こえているのか判断不能

2－1　移乗について、あてはまる番号に一つだけ○の印をつけてください。
1. 介助されていない　2. 見守り等　3. 一部介助　4. 全介助

2－2　移動について、あてはまる番号に一つだけ○の印をつけてください。
1. 介助されていない　2. 見守り等　3. 一部介助　4. 全介助

2－3　えん下について、あてはまる番号に一つだけ○の印をつけてください。
1. できる　2. 見守り等　3. できない

2－4　食事摂取について、あてはまる番号に一つだけ○の印をつけてください。
1. 介助されていない　2. 見守り等　3. 一部介助　4. 全介助

2－5　排尿について、あてはまる番号に一つだけ○の印をつけてください。
1. 介助されていない　2. 見守り等　3. 一部介助　4. 全介助

2－6　排便について、あてはまる番号に一つだけ○の印をつけてください。
1. 介助されていない　2. 見守り等　3. 一部介助　4. 全介助

2－7　口腔清潔について、あてはまる番号に一つだけ○の印をつけてください。
1. 介助されていない　2. 一部介助　3. 全介助

2－8　洗顔について、あてはまる番号に一つだけ○印をつけてください。

1. 介助されていない　2. 一部介助　3. 全介助

2－9　整髪について、あてはまる番号に一つだけ○印をつけてください。

1. 介助されていない　2. 一部介助　3. 全介助

2－10　上衣の着脱について、あてはまる番号に一つだけ○印をつけてください。

1. 介助されていない　2. 見守り等　3. 一部介助　4. 全介助

2－11　ズボン等の着脱について、あてはまる番号に一つだけ○印をつけてください。

1. 介助されていない　2. 見守り等　3. 一部介助　4. 全介助

2－12　外出頻度について、あてはまる番号に一つだけ○印をつけてください。

1. 週1回以上　2. 月1回以上　3. 月1回未満

3－1　意思の伝達について、あてはまる番号に一つだけ○印をつけてください。

1. 調査対象者が意思を他者に伝達できる
2. ときどき伝達できる
3. ほとんど伝達できない
4. できない

3－2　毎日の日課を理解することについて、あてはまる番号に一つだけ○印をつけてください。

1. できる　2. できない

3－3　生年月日や年齢を言うことについて、あてはまる番号に一つだけ○印をつけてください。

1. できる　2. できない

3－4　短期記憶（面接調査の直前に何をしていたか思い出す）について、あてはまる番号に一つだけ○印をつけてください。

1. できる　2. できない

3－5　自分の名前を言うことについて、あてはまる番号に一つだけ○印をつけてください。

1. できる　2. できない

3－6　今の季節を理解することについて、あてはまる番号に一つだけ○印をつけてください。

1. できる　2. できない

3－7　場所の理解（自分がいる場所を答える）について、あてはまる番号に一つだけ○印をつけてください。

1. できる　2. できない

3－8　徘徊について、あてはまる番号に一つだけ○印をつけてください。

1. ない　2. ときどきある　3. ある

3－9　外出すると戻れないことについて、あてはまる番号に一つだけ○印をつけてください。

1. ない　2. ときどきある　3. ある

4－1　物を盗られたなどと被害的になることについて、あてはまる番号に一つだけ○印をつけてください。

1. ない　2. ときどきある　3. ある

4－2　作話をすることについて、あてはまる番号に一つだけ○印をつけてください。

1. ない　2. ときどきある　3. ある

4－3　泣いたり、笑ったりして感情が不安定になることについて、あてはまる番号に一つだけ○印をつけてください。

1. ない　2. ときどきある　3. ある

4－4　昼夜の逆転について、あてはまる番号に一つだけ○印をつけてください。

1. ない　2. ときどきある　3. ある

4－5　しつこく同じ話をすることについて、あてはまる番号に一つだけ○印をつけてください。

1. ない　2. ときどきある　3. ある

4－6　大声をだすことについて、あてはまる番号に一つだけ○印をつけてください。

1. ない　2. ときどきある　3. ある

5-1 薬の内服について、あてはまる番号に一つだけ○印をつけてください。

1. 介助されていない　2. 一部介助　3. 全介助

5-2 金銭の管理について、あてはまる番号に一つだけ○印をつけてください。

1. 介助されていない　2. 一部介助　3. 全介助

5-3 日常の意思決定について、あてはまる番号に一つだけ○印をつけてください。

1. できる（特別な場合でもできる）　2. 特別な場合を除いてできる　3. 日常的に困難
4. できない

5-4 集団の不適応について、あてはまる番号に一つだけ○印をつけてください。

1. ない　2. ときどきある　3. ある

5-5 買い物について、あてはまる番号に一つだけ○印をつけてください。

1. 介助されていない　2. 見守り等　3. 一部介助　4. 全介助

5-6 簡単な調理について、あてはまる番号に一つだけ○印をつけてください。

1. 介助されていない　2. 見守り等　3. 一部介助　4. 全介助

6 過去14日間に受けた医療について、あてはまるものすべてに○印をつけてください。（複数回答可）

処置内容　1. 点滴の管理　2. 中心静脈栄養　3. 透析　4. ストーマ（人工肛門）の処置
5. 酸素療法　6. レスピレーター（人工呼吸器）　7. 気管切開の処置
8. 疼痛の看護　9. 経管栄養
特別な対応　10. モニター測定（血圧、心拍、酸素飽和度等）　11. じょくそうの処置
12. カテーテル（コンドームカテーテル、留置カテーテル、ウロストーマ等）

7 日常生活自立度について、各々該当するものの一つに○印をつけてください。

障害高齢者の日常生活自立度（寝たきり度）	自立・J1・J2・A1・A2・B1・B2・C1・C2
認知症高齢者の日常生活自立度	自立・I・IIa・IIb・IIIa・IIIb・IV・M

4-7 介護に抵抗することについて、あてはまる番号に一つだけ○印をつけてください。

1. ない　2. ときどきある　3. ある

4-8 「家に帰る」等と言い落ち着きがないことについて、あてはまる番号に一つだけ○印をつけてください。

1. ない　2. ときどきある　3. ある

4-9 一人で外に出たがり目が離せないことについて、あてはまる番号に一つだけ○印をつけてください。

1. ない　2. ときどきある　3. ある

4-10 いろいろなものを集めたり、無断でもってくることについて、あてはまる番号に一つだけ○印をつけてください。

1. ない　2. ときどきある　3. ある

4-11 物を壊したり、衣類を破いたりすることについて、あてはまる番号に一つだけ○印をつけてください。

1. ない　2. ときどきある　3. ある

4-12 ひどい物忘れについて、あてはまる番号に一つだけ○印をつけてください。

1. ない　2. ときどきある　3. ある

4-13 意味もなく独り言や独り笑いをすることについて、あてはまる番号に一つだけ○印をつけてください。

1. ない　2. ときどきある　3. ある

4-14 自分勝手に行動することについて、あてはまる番号に一つだけ○印をつけてください。

1. ない　2. ときどきある　3. ある

4-15 話がまとまらず、会話にならないことについて、あてはまる番号に一つだけ○印をつけてください。

1. ない　2. ときどきある　3. ある

資料編

5-1 薬の内服について、あてはまる番号に一つだけ○の印をつけてください。
1. 介助されていない　2. 一部介助　3. 全介助

5-2 金銭の管理について、あてはまる番号に一つだけ○の印をつけてください。
1. 介助されていない　2. 一部介助　3. 全介助

5-3 日常の意思決定について、あてはまる番号に一つだけ○印をつけてください。
1. できる（特別な場合でもできる）　2. 特別な場合を除いてできる　3. 日常的に困難
4. できない

5-4 集団への不適応について、あてはまる番号に一つだけ○の印をつけてください。
1. ない　2. ときどきある　3. ある

5-5 買い物について、あてはまる番号に一つだけ○の印をつけてください。
1. 介助されていない　2. 見守り等　3. 一部介助　4. 全介助

5-6 簡単な調理について、あてはまる番号に一つだけ○の印をつけてください。
1. 介助されていない　2. 見守り等　3. 一部介助　4. 全介助

6 過去14日間に受けた医療について、あてはまる番号すべてに○の印をつけてください。（複数回答可）

処置内容　1. 点滴の管理　2. 中心静脈栄養　3. 透析　4. ストーマ（人工肛門）の処置　7. 気管切開の処置
8. 酸素療法　5. レスピレーター（人工呼吸器）　9. 経管栄養
特別な対応　10. モニター測定（血圧、心拍、酸素飽和度等）　11. じょくそうの処置
12. カテーテル（コンドームカテーテル、留置カテーテル、ウロストーマ等）

7 日常生活自立度について、各々該当するものの一つに○印をつけてください。

障害高齢者の日常生活自立度（寝たきり度）　自立・J1・J2・A1・A2・B1・B2・C1・C2
認知症高齢者の日常生活自立度　自立・Ⅰ・Ⅱa・Ⅱb・Ⅲa・Ⅲb・Ⅳ・M

4-7 介護に抵抗することについて、あてはまる番号に一つだけ○の印をつけてください。
1. ない　2. ときどきある　3. ある

4-8 「家に帰る」等と言い落ち着きがないことについて、あてはまる番号に一つだけ○の印をつけてください。
1. ない　2. ときどきある　3. ある

4-9 一人で外に出たがり目が離せないことについて、あてはまる番号に一つだけ○の印をつけてください。
1. ない　2. ときどきある　3. ある

4-10 いろいろなものを集めたり、無断でもってくることについて、あてはまる番号に一つだけ○の印をつけてください。
1. ない　2. ときどきある　3. ある

4-11 物を壊したり、衣類を破いたりすることについて、あてはまる番号に一つだけ○の印をつけてください。
1. ない　2. ときどきある　3. ある

4-12 ひどい物忘れについて、あてはまる番号に一つだけ○の印をつけてください。
1. ない　2. ときどきある　3. ある

4-13 意味もなく独り言や独り笑いをすることについて、あてはまる番号に一つだけ○の印をつけてください。
1. ない　2. ときどきある　3. ある

4-14 自分勝手に行動することについて、あてはまる番号に一つだけ○の印をつけてください。
1. ない　2. ときどきある　3. ある

4-15 話がまとまらず、会話にならないことについて、あてはまる番号に一つだけ○の印をつけてください。
1. ない　2. ときどきある　3. ある

■認定調査票（特記事項）

調査日　年　月　日　　保険者番号＿＿＿＿　被保険者番号＿＿＿＿
認定調査票（特記事項）

1 身体機能・起居動作に関連する項目についての特記事項
1－1　麻痺等の有無、1－2　拘縮の有無、1－3　寝返り、1－4　起き上がり、1－5　座位保持、1－6　両足での立位、1－7　歩行、1－8　立ち上がり、1－9　片足での立位、1－10　洗身、1－11　つめ切り、1－12　視力、1－13　聴力
（　　）
（　　）
（　　）

2 生活機能に関連する項目についての特記事項
2－1　移乗、2－2　移動、2－3　えん下、2－4　食事摂取、2－5　排尿、2－6　排便、2－7　口腔清潔、2－8　洗顔、2－9　整髪、2－10　上衣の着脱、2－11　ズボン等の着脱、2－12　外出頻度
（　　）
（　　）
（　　）

3 認知機能に関連する項目についての特記事項
3－1　意思の伝達、3－2　毎日の日課を理解、3－3　生年月日を言う、3－4　短期記憶、3－5　自分の名前を言う、3－6　今の季節を理解、3－7　場所の理解、3－8　徘徊、3－9　外出して戻れない
（　　）
（　　）
（　　）

4 精神・行動障害に関連する項目についての特記事項
4－1　被害的、4－2　作話、4－3　感情が不安定、4－4　昼夜逆転、4－5　同じ話をする、4－6　大声を出す、4－7　介護に抵抗、4－8　落ち着きなし、4－9　一人で出たがる、4－10　収集癖、4－11　物や衣類を壊す、4－12　ひどい物忘れ、4－13　独り言・独り笑い、4－14　自分勝手に行動する、4－15　話がまとまらない
（　　）
（　　）
（　　）

5 社会生活への適応に関連する項目についての特記事項
5－1　薬の内服、5－2　金銭の管理、5－3　日常の意思決定、5－4　集団への不適応、5－5　買い物、5－6　簡単な調理
（　　）
（　　）
（　　）

6 特別な医療についての特記事項
6　特別な医療
（　　）
（　　）

7 日常生活自立度に関連する項目についての特記事項
7－1　障害高齢者の日常生活自立度（寝たきり度）、7－2　認知症高齢者の日常生活自立度
（　　）
（　　）

※ 本用紙に収まらない場合は、適宜用紙を追加して下さい。

資料編

■主治医意見書

記入日 平成　　年　　月　　日

申請者	（ふりがな）	男・女	〒　　　　—
			連絡先　　　（　　　）
	明・大・昭　　　年　　月　　日生（　　歳）		

上記の申請者に関する意見は以下の通りです。
主治医として、本意見書が介護サービス計画作成等に利用されることに　□ 同意する。　□ 同意しない。

医師氏名 _____

医療機関名 _____　　　　　　　　電話　　　（　　　）

医療機関所在地 _____　　　　　　FAX　　　（　　　）

(1) 最終診察日	平成　　　　年　　　　　月　　　　　日
(2) 意見書作成回数	□初回　□2回目以上
(3) 他科受診の有無	□有　　□無 （有の場合）→□内科　□精神科　□外科　□整形外科　□脳神経外科 □皮膚科　□泌尿器科　□婦人科　□眼科　□耳鼻咽喉科 □リハビリテーション科　□歯科　□その他（　　　　　　　　　）

1. 傷病に関する意見

(1) 診断名（<u>特定疾患または生活機能低下の直接の原因</u>となっている傷病名については1. に記入）及び発症年月日
1. _____　　　発症年月日（昭和・平成　　年　　月　　日頃） 2. _____　　　発症年月日（昭和・平成　　年　　月　　日頃） 3. _____　　　発症年月日（昭和・平成　　年　　月　　日頃）
(2) 症状としての安定性　　□安定　　□不安定　　□不明
（「不安定」とした場合、具体的な状況を記入）
(3) 生活機能低下の直接の原因となっている傷病または特定疾患の経過及び投薬内容を含む治療内容 〔最近（概ね6か月以内）介護に影響のあったもの及び特定疾患についてはその診断の根拠等について記入〕

2. 特別な医療（過去14日間以内に受けた医療のすべてにチェック）

処置内容	□点滴の管理　　□中心静脈栄養　　□透析　　□ストーマの処置　　□酸素療法 □レスピレーター　□気管切開の処置　　□疼痛の看護　　□経管栄養
特別な対応	□モニター測定（血圧、心拍、酸素飽和度等）　□褥瘡の処置
失禁への対応	□カテーテル（コンドームカテーテル、留置カテーテル　等）

3. 心身の状態に関する意見

(1) 日常生活の自立度等について
・障害高齢者の日常生活自立度（寝たきり度）　□自立　□J1　□J2　□A1　□A2 　　　　　　　　　　　　　　　　　　　　　　□B1　□B2　□C1　□C2 ・認知症高齢者の日常生活自立度　　　　　　　□自立　□I　□IIa　□IIb　□IIIa 　　　　　　　　　　　　　　　　　　　　　　□IIIb　□IV　□M
(2) 認知症の中核症状（認知症以外の疾患で同様の症状を認める場合を含む） ・短期記憶　　　　　　　　　　　　　　　　□問題なし　　□問題あり ・日常の意思決定を行うための認知能力　　　□自立　□いくらか困難　□見守りが必要　□判断できない ・自分の意思の伝達能力　　　　　　　　　　□伝えられる　□いくらか困難　□具体的要求に限られる 　　　　　　　　　　　　　　　　　　　　　□伝えられない
(3) 認知症の周辺症状（該当する項目全てチェック：認知症以外の疾患で同様の症状を認める場合を含む） □無 ┌□有 ┌□幻視・幻聴　□妄想　　□昼夜逆転　□暴言　□暴行　□介護への抵抗　□徘徊 　　　　　　　└□火の不始末　□不潔行為　□異食行動　□性的問題行動　□その他（　　　　　　）
(4) その他の精神・神経症状 □無 ┊□有　〔症状名：　　　　　　　　　　　　専門医受診の有無　□有（　　　　）　□無〕

(5) 身体の状態

利き腕（□右 □左）身長＝□□□cm　体重＝□□□kg（過去6か月の体重の変化 □増加 □維持 □減少）

□四肢欠損　　　（部位：＿＿＿＿＿＿＿＿＿＿＿＿＿）
□麻痺　　　　　□右上肢（程度：□軽 □中 □重）　□左上肢（程度：□軽 □中 □重）
　　　　　　　　□右下肢（程度：□軽 □中 □重）　□左下肢（程度：□軽 □中 □重）
　　　　　　　　□その他（部位：　　　　　　　程度：□軽 □中 □重）
□筋力の低下　　（部位：＿＿＿＿＿＿＿＿＿＿＿程度：□軽 □中 □重）
□関節の拘縮　　（部位：＿＿＿＿＿＿＿＿＿＿＿程度：□軽 □中 □重）
□関節の痛み　　（部位：＿＿＿＿＿＿＿＿＿＿＿程度：□軽 □中 □重）
□失調・不随意運動　・上肢 □右 □左 ・下肢 □右 □左 ・体幹 □右 □左
□褥瘡　　　　　（部位：＿＿＿＿＿＿＿＿＿＿＿程度：□軽 □中 □重）
□その他の皮膚疾患（部位：＿＿＿＿＿＿＿＿＿＿＿程度：□軽 □中 □重）

4．生活機能とサービスに関する意見

(1) 移動
屋外歩行　　　　　　　□自立　　　　　□介助があればしている　　　□していない
車いすの使用　　　　　□用いていない　□主に自分で操作している　　□主に他人が操作している
歩行補助具・装具の使用（複数選択可）□用いていない □屋外で使用 □屋内で使用

(2) 栄養・食生活
食事行為　　　　　□自立ないし何とか自分で食べられる　□全面介助
現在の栄養状態　　□良好　　　　　　　　　　　　　　　□不良
→　栄養・食生活上の留意点（　　　　　　　　　　　　　　　　　　　　　　　　　　　）

(3) 現在あるかまたは今後発生の可能性の高い状態とその対処方針
□尿失禁　□転倒・骨折　□移動能力の低下　□褥瘡　□心肺機能の低下　□閉じこもり
□意欲低下　□徘徊　□低栄養　□摂食・嚥下機能低下　□脱水　□易感染性
□がん等による疼痛　□その他（　　　　　　　　　　　　　　　　　　　）
→　対処方針（　　　　　　　　　　　　　　　　　　　　　　　　　　　　　　　　　）

(4) サービス利用による生活機能の維持・改善の見通し
　　　　　　　　□期待できる　　　　　□期待できない　　　　　□不明

(5) 医学的管理の必要性（特に必要性の高いものには下線を引いて下さい。予防給付により提供されるサービスを含みます。）
□訪問診療　□訪問看護　□看護職員の訪問による相談・支援　□訪問歯科診療　□訪問薬剤管理指導
□訪問リハビリテーション　□短期入所療養介護　□訪問歯科衛生指導　□訪問栄養食事指導
□通所リハビリテーション　□その他の医療系サービス（　　　　　　　　　　）

(6) サービス提供時における医学的観点からの留意事項
・血圧 □特になし □あり（　　　　　　　）　・移動 □特になし □あり（　　　　　　　）
・摂食 □特になし □あり（　　　　　　　）　・運動 □特になし □あり（　　　　　　　）
・嚥下 □特になし □あり（　　　　　　　）　・その他（　　　　　　　　　　）

(7) 感染症の有無（有の場合は具体的に記入して下さい）
□無 ┆ □有（　　　　　　　　　　　　　　　）　□不明

5．特記すべき事項
　　要介護認定及び介護サービス計画作成時に必要な医学的なご意見等を記載して下さい。なお、専門医等に別途意見を求めた場合はその内容、結果も記載して下さい。（情報提供書や身体障害者申請診断書の写し等を添付して頂いても結構です。）

■介護保険負担割合証

（表面）

介護保険負担割合証		
交付年月日　　年　月　日		

被保険者	番　号	
	住　所	
	フリガナ	
	氏　名	
	生年月日　明治・大正・昭和　年　月　日	性別　男・女
利用者負担の割合		
適用期間	割	開始年月日　平成　年　月　日
		終了年月日　平成　年　月　日
	割	開始年月日　平成　年　月　日
		終了年月日　平成　年　月　日
保険者番号並びに保険者の名称及び印		

（裏面）

注意事項

一　介護サービス又は介護予防・生活支援サービス事業のサービスを受けようとするときは、必ずこの証を事業者又は施設の窓口に提出してください。

二　介護サービス又は介護予防・生活支援サービス事業のサービスに要した費用のうち、「適用期間」に応じた「利用者負担の割合」欄に記載された割合分の金額をお支払いいただきます。（居宅介護支援サービス及び介護予防支援サービスの利用支払額はありません。）

三　被保険者の資格がなくなったとき又はこの証の適用期間の終了年月日に至ったときは、直ちに、この証を市町村に返してください。また、転出の届出をする際には、この証を添えてください。

四　この証の表面の記載事項に変更があったときは、十四日以内に、この証を添えて市町村にその旨を届け出てください。

五　不正にこの証を使用した者は、刑法により詐欺罪として懲役の処分を受けます。

六　利用時支払額を三割とする措置（給付額減額）を受けている場合は、この証に記載された利用者負担の割合よりも、当該措置が優先されます。

■介護保険負担限度額認定証

（表面）

介護保険負担限度額認定証				
交付年月日	平成　　年　　月　　日			
被保険者	番号			
	住所			
	フリガナ			
	氏名			
	生年月日	明治・大正・昭和　年　月　日	性別	男・女
	適用年月日	平成　　年　　月　　日から		
	有効期限	平成　　年　　月　　日まで		
食費の負担限度額				円
居住費又は滞在費の負担限度額	ユニット型個室			円
	ユニット型個室的多床室			円
	従来型個室（特養等）			円
	従来型個室（老健・療養等）			円
	多床室			円
保険者番号並びに保険者の名称及び印				

（裏面）

注意事項

一　この証は、指定介護老人福祉施設サービス、地域密着型介護老人福祉施設入所者生活介護、短期入所生活介護及び介護予防短期入所生活介護（この証の表面において「特養等」という。）並びに介護老人保健施設サービス、介護療養施設サービス、介護医療院サービス、介護予防短期入所療養介護及び介護予防短期入所療養介護（この証の表面において「老健・療養等」という。）を利用する際に食事の提供を受け、又は居住若しくは滞在する場合には、この証の表面に記載する負担限度額が支払いの上限となります。

二　前号に規定するサービスを利用するときは、被保険者証とともに必ずこの証を特定介護保険施設等の窓口に提出してください。

三　被保険者の資格がなくなったとき、認定の条件に該当しなくなったとき又は負担限度額認定証の有効期限に至ったときは、遅滞なく、この証を市町村に返還してください。また、転出の届出をする際には、この証を添えてください。

四　この証の表面の記載事項に変更があったときは、十四日以内に、この証を添えて、市町村にその旨を届け出てください。

五　不正にこの証を使用した者は、刑法により詐欺罪として懲役の処分を受けます。

備考
1　この証の大きさは、縦128ミリメートル、横91ミリメートルとすること。
2　必要があるときは、各欄の配置を著しく変更することなく所要の変更を加えることとその他所要の調整を加えることができること。

■課題分析標準項目

基本情報に関する項目

No.	標準項目名	項目の主な内容（例）
1	基本情報（受付、利用者等基本情報）	居宅サービス計画作成についての利用者受付情報（受付日時、受付対応者、受付方法等）、利用者の基本情報（氏名、性別、生年月日、住所・電話番号等の連絡先）、利用者以外の家族等の基本情報について記載する項目
2	生活状況	利用者の現在の生活状況、生活歴等について記載する項目
3	利用者の被保険者情報	利用者の被保険者情報（介護保険、医療保険、生活保護、身体障害者手帳の有無等）について記載する項目
4	現在利用しているサービスの状況	介護保険給付の内外を問わず、利用者が現在受けているサービスの状況について記載する項目
5	障害老人の日常生活自立度	障害老人の日常生活自立度について記載する項目
6	認知症である老人の日常生活自立度	認知症である老人の日常生活自立度について記載する項目
7	主訴	利用者及びその家族の主訴や要望について記載する項目
8	認定情報	利用者の認定結果（要介護状態区分、審査会の意見、支給限度額等）について記載する項目
9	課題分析（アセスメント）理由	当該課題分析（アセスメント）の理由（初回、定期、退院退所時等）について記載する項目

課題分析（アセスメント）に関する項目

No.	標準項目名	項目の主な内容（例）
10	健康状態	利用者の健康状態（既往歴、主傷病、症状、痛み等）について記載する項目
11	ＡＤＬ	ＡＤＬ（寝返り、起きあがり、移乗、歩行、着衣、入浴、排泄等）に関する項目
12	ＩＡＤＬ	ＩＡＤＬ（調理、掃除、買物、金銭管理、服薬状況等）に関する項目
13	認知	日常の意思決定を行うための認知能力の程度に関する項目
14	コミュニケーション能力	意思の伝達、視力、聴力等のコミュニケーションに関する項目
15	社会との関わり	社会との関わり（社会的活動への参加意欲、社会との関わりの変化、喪失感や孤独感等）に関する項目
16	排尿・排便	失禁の状況、排尿排泄後の後始末、コントロール方法、頻度などに関する項目
17	じょく瘡・皮膚の問題	じょく瘡の程度、皮膚の清潔状況等に関する項目
18	口腔衛生	歯・口腔内の状態や口腔衛生に関する項目
19	食事摂取	食事摂取（栄養、食事回数、水分量等）に関する項目
20	問題行動	問題行動（暴言暴行、徘徊、介護の抵抗、収集癖、火の不始末、不潔行為、異食行動等）に関する項目
21	介護力	利用者の介護力（介護者の有無、介護者の介護意思、介護負担、主な介護者に関する情報等）に関する項目
22	居住環境	住宅改修の必要性、危険個所等の現在の居住環境について記載する項目
23	特別な状況	特別な状況（虐待、ターミナルケア等）に関する項目

しっかりわかる介護保険の基本としくみ

2018年5月30日　第1刷発行

編　集　　晶文社編集部
発行者　　株式会社　晶文社
　　　　　〒101-0051　東京都千代田区神田神保町1-11
　　　　　電話（03）3518-4943（編集）
　　　　　電話（03）3518-4940（営業）
　　　　　URL http://www.shobunsha.co.jp

装丁：朝倉紀之
編集協力：印刷クリエート編集部
印刷・製本：株式会社堀内印刷所
© Shobun-sha 2018
ISBN978-4-7949-7660-4　C0036

JCOPY 〈（社）出版者著作権管理機構 委託出版物〉
本書の無断複写は著作権法上での例外を除き禁じられています。
複写される場合は、そのつど事前に、（社）出版者著作権管理機構
（TEL：03-3513-6969　FAX：03-3513-6979 e-mail: info@jcopy.or.jp)
の許諾を得てください。
〈検印廃止〉落丁・乱丁本はお取替えいたします。